ICT×保育を考える
保育内容総論

編著

香曽我部 琢・駒 久美子・島田 由紀子

共著

石倉卓子・和泉 誠・岩井真澄・奥谷佳子・粂原淳子・久留島太郎
小森谷一朗・小山優子・境 愛一郎・高橋恵美・濱名 潔・藤田清澄
宮田まり子・目黒勇樹・柳生崇志・淀川裕美

建帛社
KENPAKUSHA

まえがき

　2023（令和5）年4月，こども家庭庁が創設され，子どもを取り巻く環境や制度も大きく変化し続けています。しかし，中心に位置付くのはいうまでもなく子どもであり，誰一人取り残さず，全ての子どもの健やかな成長を保障することが目指されています。一方で，保育者養成にあたっては，2019（平成31）年4月に新しい教職課程が始まり，「保育内容の指導法（情報機器及び教材の活用を含む。）」の教職課程コアカリキュラムが示され，保育内容の指導法においても情報機器の活用及び教材の活用法を理解し，保育の構想に活かすことが目指されてきました。そこで，本書では保育内容5領域の考え方や指導方法の基本を学ぶ「保育内容総論」においても，情報機器及び教材の活用に焦点をあて，どのように保育の構想に活用することができるか，その活用可能性を探ることを目的のひとつとしています。

　本書は大きく分けて理論編と実践編の2部構成となっています。理論編では，保育内容を学ぶ意義や，保育内容の歴史的変遷，幼稚園教育要領，保育所保育指針，幼保連携型認定こども園教育・保育要領における保育内容，様々なニーズと保育内容，発達と生活の連続性，子ども理解と保育における計画の意義に加え，情報機器を活用した計画と教材研究を取り上げています。実践編では，バーチャルこども園を通して保育内容を学ぶとし，子どもが園で過ごす一日の流れを，園内環境のデータや事例を通して，解説しています。事例によっては，情報機器を活用することが難しいこともあるため，全ての事例に情報機器の活用が含まれるわけではありませんが，これらの事例を通して，皆さんなりに保育への活用の可能性を考える契機となることを願っています。

　倉橋惣三はその著『育ての心』のなかで，子どもを「自ら育つもの」としており，保育者はその子どもの自ら育つ力を，環境を通して援助していきます。その環境のひとつに情報機器の活用もあるといえるでしょう。保育者とゆったり関わることを楽しんだり，身の回りの人・もの・ことが全て教材となって遊びを深めたり，自分なりに試行錯誤しながら思いを巡らせたり，そうした様々な子どもの「いま」を一緒に楽しみ，保育者自身も育てられる，そんな「育ての心」を忘れない保育者として成長されることに本書が貢献できれば，編著者一同喜びに堪えません。

2024年3月

編者一同

目　次

理論編

第 7 章　ICTを活用した計画と教材研究　　　　　51

実践編

第1章

保育内容とは

　本章では，保育内容とは何かについて考える。保育の内容は「ねらい」を達成するためにあるが，では「保育」とは何であるか，対象である「子ども」とはどのような存在であるかについて理解を深める。また保育の「ねらい」と「内容」との関係について，幼稚園教育要領（以下，教育要領）や保育所保育指針（以下，保育指針）等を基に確認する。保育は環境を通して行い，その展開は子どもが自ら環境と関わる中で行われなければならないが，そこでの保育者（幼稚園教諭・保育士・保育教諭をいう）の役割についても考えていきたい。

1　保育とは

　これから保育内容について理解を深めていく上で，最初に「保育」とは何かについて考えてみたい。人の育ちに関わる言葉として，「保育」という言葉の他に「教育」という言葉があるが，ここではこの2つの言葉の違いを考えることを通して「保育」とは何かを考える。

（1）保育と教育

　「保育」は，「保」と「育」の字を合わせた用語として，「保」の「子どもを大切に守る」という意味と，「育」の「よく育つ」という意味から，「保育」は「子どもを大切に守り，育つ」ことを示す言葉として理解されている。

　また「教育」は，「教」と「育」の字を合わせた用語であることから，「教」の「大人が子どもに教える」という意味と，「育」の「よく育つ」という意味から，「教育」は「大人が子どもに教え，育つ」ことを示す言葉として理解されている。

　どちらの言葉も人の発達と生存に関わる言葉であり，その意味ではよく似ている。しかし，「保育」は「守る」という意味の言葉が使われていることから，発達的特徴として特に生存のための養護を必要とする乳幼児期において使用されることが多い。すなわち，一般的には「保育」は乳幼児期に関係する言葉として，「教育」は幼児期から学童期以降に関する言葉として使用されている。

　しかし，子どもが「大切に守られる」時期は乳幼児期に限られているだろう

か。また，「大人が子どもに教える」時期も年齢で限定されるものではないだろう。状況により，守られたり教えられたりすることは，人生のどの時期においても大切にされなければならないことは理解しておきたい。

　そして保育や教育を行う際の課題についても，前記の用語の成り立ちから考えることができる。「教育」が「大人が子どもに教え，育つ」ということを表すのであれば，「どのように」「何を」教え，育ちとして「いつ」「何を」評価する（見取る）ことが望ましいのか，また「保育」が「子どもを大切に守り，育つ」ということを表すのであれば，「何を」大切にするのか，「どのように」守るのか，そしてその育ちとして「いつ」「何を」評価する（見取る）ことが望ましいのかといったことが保育や教育を行う際の課題となる。そのような課題について保育者や保育者になろうとする者は考えなければならない。

　さらに，教えるのは大人から子どもに行われる行為として限定されることなのかどうか，つまり，子どもが大人に教えることはないのか，大人が子どもから教わることはないのかということも考える必要がある。以下では，「子ども」という存在について，「子どもの権利条約」を通して考えたい。

（2）子どもの権利

　「子どもの権利条約（児童の権利に関する条約）」は，1989（平成元）年に国連で制定され，日本では1994（平成6）年に批准された。「子どもの権利条約」は前文と54条からなる。公益財団法人全日本ユニセフ協会[*1]では，条約の基本的な考え方をまとめて4つの原則として示している。

*1　全日本ユニセフ協会

　・差別の禁止（差別のないこと）。
　・子どもの最善の利益（子どもにとって最もよいこと）。
　・生命，生存及び発達に対する権利（命を守られ成長できること）。
　・子どもの意見の尊重（意見を表明し参加できること）。
また，条約に定められている権利として，以下の権利が示されている。
　・生きる権利…住む場所や食べ物があり，医療を受けられるなどして，命が守られる。
　・育つ権利…勉強したり遊んだりして，もって生まれた能力を十分に伸ばしながら成長できる。
　・守られる権利…紛争に巻きこまれず，難民になったら保護され，暴力や搾取，有害な労働などから守られる。
　・参加する権利…自由に意見を表したり，団体を作ったりできる。
　以上の原則等や条約の一つ一つをみても，子どもは大人から一方的に教えられ，守られるだけの存在ではないことがわかる。大人も子どもも等しく世界と

出会い関わり，世界をつくり出す権利をもっている。その前提に立った上で，保育や教育は行われるものであることを忘れてはならない。

「子どもの権利条約」は保育を行う上での基本原則となるものである。内容を深く理解し，保育者としてどのようなことに気を配る必要があるかについて，具体的な保育の計画や振り返りの中で日々考えていく必要がある。

例えば，第12条は「意見を表す権利」で，子どもは「自由に自分の意見を表す権利」をもっていること，次の第13条は「表現の自由」で，子どもは「自由な方法でいろいろな情報や考えを伝える権利，知る権利」をもっていることが示されている。これらのことを実現するにあたり，日々の保育内容においては，どのようなことに気を配る必要があるだろうか。あるいは，これらを実現するにあたり，どのような保育内容や方法が考えられるだろうか。それぞれの権利について，具体的な保育の計画の中で，また保育後の振り返りの中で確認し，絶えず検討を重ねていく必要がある。その際，保育者同士が互いに保育をモニターし合う関係があることが重要である。保育が閉じた空間の中で行われたことにより，見方に偏りが生じ，結果意図せず誰かが誰かの権利を侵害してしまっていたということがないようにしなければならない。

（3）環境を通して

では，具体的にはどのような過程で保育内容を考えていくとよいのだろうか。そこでまず考えたいことは保育の環境になる。

本来子どもは，周囲にある環境に対して積極的に関わることができる存在である。そこでは子どもの能動的な様，すなわち自ら周囲の環境をとらえようとする力が働いているが，そこには必ず周囲の環境からの誘いがある。よってそれを受動しているだけであるともいえる。つまり子どもは，周囲の環境からの誘いを受け，それによって行為しているが，その行為の結果の環境がさらに次の行為を生み出し，最初の環境とは異なる新たな環境をつくり出していく，その意味で日々新たな世界をつくっている作り手のひとりであるともいえる。

教育要領*2は「第1章 総則」において，以下のように示されている。

*2 保育指針〔第1章1（1）〕，幼保連携型認定こども園教育・保育要領（第1章 総則第1）においても同様の記述がある。

第1 幼稚園教育の基本

幼児期の教育は，生涯にわたる人格形成の基礎を培う重要なものであり，幼稚園教育は，学校教育法に規定する目的及び目標を達成するため，幼児期の特性を踏まえ，<u>環境を通して行うものであることを基本とする。</u>

*下線部は筆者による。

　環境を通した保育とは，単に環境を設定し，そこに子どもが関わる様子を観察していればよいということではない。先述したように，子どもは環境をつくり出す存在であり，そこに発達（学び）がある。よって子どもが次の行動をつくり出すことができるような環境を設定し，そこでの子どもの様子をとらえ，理解し，再び環境が設定されるようでなければならない。

　ここで再び私たちが考えなければならない課題が出てくる。それは子どもが次の行動をつくり出すことができるような環境とは何かということである。それは子どもが「面白そう」「やってみたい」という環境かもしれない。あるいは子どもが何か行動を起こすためのエネルギーを蓄えられるような，「和み」や「癒し」が得られるような環境かもしれない。子どもが心を動かして出会う環境，新たな環境を生み出すことができる環境とはどのような環境なのかということについて，私たちはどのように検討を重ねていくことができるだろうか。

2　なぜ保育内容総論を学ぶのか

（1）保育内容総論の意義

　次に，なぜ保育内容総論を学ぶのか，について考えてみたい。そのために，まずは子どもの遊びについて考える。

　幼稚園を創始したといわれているフレーベル（Fröbel, F.）*3 は，遊びとは「それは内なる自己の自由な表現であり，内なる自己自身の必要性と要求から内なる自己を表現するものである」[1] と述べている。

　私たちは，子どもたちに伝えたいこと，育ってほしいという願いを「ねらい」としてもち，子どもたちとの生活を始めていく。「環境を通して」「生活の中で」と教育要領や保育指針等にも示されているように，子どもたちとの日々の生活経験や遊びを通して，保育者は保育の目標の達成に向けて，指導を行っていく。「保育内容」とは，そこでの生活経験や遊びを指す。教育要領や保育指針等では，内容を5つの領域に分けて，それぞれについてさらに詳しく示されているが，子どもの遊びの実際は，フレーベルが述べたように，感動して心が動き，その思いが湧き上がり，思わず身体が動き出して表出したひとつの表現活動である。遊びの展開は，予め想定されているものもあるが，想定のない，その場の環境に応答した行為の積み重ねの結果であることも多い。また，想定したとして，想定から逸れた時こそ遊びといえるのではないか。つまり保育の内容は，そこに5つの領域の設定とその領域ごとの事後的な検討はあるものの，それは保育計画を立てる際や子どもの育ちを振り返る際の視点の中で

*3　フレーベル
(1782-1852)
　人間教育の基礎は幼児期の教育あるとし，遊びの重要性や恩物（おんぶつ）による教育を提唱したドイツの幼児教育者。

1）Fröbel,F., *Die Menschenerziehung* (Pädagogische Texte), Klett-Cotta, 1982, p.36.
*邦訳は筆者

語られるものであり，実際の子どもとの活動においては各領域の範囲で考えられることではない。実際の遊びでは，複数の領域が関係していることを理解しながら，まずはその場で湧き起こる子どもの感動を大切に，活動の展開を見守り援助していくことが重要である。保育内容総論から子どもの育ちと保育を考えていくことの意義はそこにある。保育内容総論での学びは，子どもの姿をそのまま受け止めて，そこから発達と保育のあり方を考えていくことである。また，より深い子ども理解とより質の高い保育を考える機会でもある。

（2）保育者の専門性

さて，先に保育内容総論の意義の中で，「子どもの姿をそのまま受け止めて」と述べた。「そのまま受け止める」とは，保育者としてどのような援助を行うということになるのか。

倉橋惣三[*4]は，著書『幼稚園真諦』において「保育案」に触れる中で，保育者のあり方を以下のように述べている。

> いやしくも子供を集めて目的をもって教育をしていく者が，全然何等の心構え，すなわち計画，あるいは立案無しでやっていけるはずはありません[2]。

子どものさながらの生活を大切にした倉橋であったが，何の見通しもなく行われる「その日暮らしの」保育については強く否定している。また一方で，保育者が予め計画したことだけが優先されるような保育についても，以下のように述べて否定している。

> もし時間割が直ちに保育案の全部ならば，それを重んじてゆくのを，前申したその日暮らし幼稚園に対して，あてがいぶち幼稚園と名付けましょうか。『先生今日は何をする?』『おきまりに従いましょう』『いやです。私の生活はそんなあてがいぶちでは出来ません』という子供も出て来ましょう。そのとき，先生の方では，子供の生活がどんなにはつらつとしているかということをとんと考えていないのです[3]。

倉橋は子どもの生活の「はつらつとした」様子に目を向けることの大切さを強調している。子どもの様子を大切にした上で，以下のようにさらに具体的に，子どもの思いを大切にした保育のあり方について述べている。

> すなわち，幼児の方では，自由の生活をするにしても，その自由の中に，先生としては，生活を偏さらないように，細かい豊かな注意が怠らず行なわれていなくてはなりますまい。また子供

* 4　倉橋惣三(1882-1955)
　大正から昭和にかけて活躍した日本の児童心理学者。お茶の水女子大学名誉教授。

2）倉橋惣三『倉橋惣三選集 第一巻 幼稚園真諦』フレーベル館，1969，p.58.

3）2）と同じ．p.64.

> が，何を選ぼうかなあと迷っている間に時間が経ってしまうようなことではなく，その中のどれかを自然に選びたくなるように，誘導されるのでなければなりますまい[4]。

4）2）と同じ. pp.67-68.

倉橋は，保育者が無案でいるのではなく，また案を子どもにただあてがうのでもなく，保育者による「細かい豊かな注意」により，子どもが「誘導される」ことが重要であると述べている。また倉橋は，ここでの誘導の保育案を，「子供の興味そのものから誘導保育案が作られて来るといってもいい」と言及している。

保育者が子どもたちへの願いとねらいをもち，環境を整え，そこでの子どもの姿を想像し，思い浮かべながら子どもを待ち，子どもと実際に過ごしてはその時々の子どもの思いに心を寄せて，その一人一人の思いの実現に向けて，願いやねらいと共に明日の保育を考えていく。その一つ一つのことをどれだけ丁寧に，繊細に行っていくことができるかに，保育者の専門性がある。

では，日々の保育内容を考えていくにあたり，保育者はどのようなねらいや見通しをもつ必要があるのだろうか。それは教育要領や保育指針等に示されている。例えば教育要領の第1章総則の第2の2に「1に示す資質・能力は，第2章に示すねらい及び内容に基づく活動全体によって育むものである」とある。例えば「資質・能力」として示されている「豊かな体験を通じて，感じたり，気付いたり，分かったり，できるようになったりする」といったことを保育の内容の中で実現できるように考えていくことが求められている。

教育要領における「内容」においても，主に第2章の「ねらい及び内容」の中で，内容は，そのねらいを達成するための指導事項であること（以下，教育要領抜粋，下線の①），環境を通して総合的に指導されるものであると示されている（以下，教育要領抜粋，下線の②）。

さらに実践においては，教育要領に示された方針や理念を理解し，それに基づきながら各保育者が園や子どもの実態に応じて適宜内容をつくり出していくことになるが，その際も，「幼稚園教育の基本を逸脱しないように」（以下，教育要領抜粋，下線の③）と示されていることから，第1章に示された基本に関する理解は欠かせない。

第2章 ねらい及び内容

この章に示すねらいは，幼稚園教育において育みたい資質・能力を幼児の生活する姿から捉えたものであり，内容は，ねらいを達成するために指導する事項①である。各領域は，これらを幼児の発達の側面から，心身の健康に関する領域「健康」，人との関わりに関する領域「人間関係」，身近な環境との関わりに関する領域「環境」，言葉の獲得に関する領域「言葉」及び感性と表現

に関する領域「表現」としてまとめ，示したものである。内容の取扱いは，幼児の発達を踏まえた指導を行うに当たって留意すべき事項である。

　各領域に示すねらいは，幼稚園における生活の全体を通じ，幼児が様々な体験を積み重ねる中で相互に関連をもちながら次第に達成に向かうものであること，<u>内容は，幼児が環境に関わって展開する具体的な活動を通して総合的に指導されるものであることに留意しなければならない</u>②。

　また，「幼児期の終わりまでに育ってほしい姿」が，ねらい及び内容に基づく活動全体を通して資質・能力が育まれている幼児の幼稚園修了時の具体的な姿であることを踏まえ，指導を行う際に考慮するものとする。

　なお，特に必要な場合には，各領域に示すねらいの趣旨に基づいて適切な，具体的な内容を工夫し，それを加えても差し支えないが，その場合には，それが<u>第１章の第１に示す幼稚園教育の基本を逸脱しないよう慎重に配慮する必要がある</u>③。

　　＊１ 下線は筆者による。
　　＊２ 幼保連携型認定こども園教育・保育要領（第2章）にも同様の記述がある。

　保育指針における「内容」は，第1章にある保育の目標をより具体化した「ねらい」を達成するための事項であり，「子どもの生活やその状況に応じて保育士等が適切に行う事項」と「保育士等が援助して子どもが環境に関わって経験する事項」の2つを示している（保育指針，第2章）。ここでも，第1章にある「保育の目標」が何であるかについて，再度確認し，理解を深めておく必要がある。

　さらに保育指針では，「養護と教育が一体となって展開されること」への留意が示されている。

　保育所保育指針解説（第2章）には，乳児期には特に養護の側面が重要であることが書かれている。

第2章　保育の内容

　保育所保育において，養護と教育は切り離せるものではないことに留意する必要がある。子どもは，保育士等によりその生命の保持と情緒の安定が図られ，安心感や信頼感の得られる生活の中で，身近な環境への興味や関心を高め，その活動を広げていく。保育の目標に掲げる「望ましい未来をつくり出す力の基礎」は，子どもと環境の豊かな相互作用を通じて培われるものである。乳幼児期の教育においては，こうした視点をもちながら，保育士等が一方的に働きかけるのではなく，子どもの意欲や主体性に基づく自発的な活動としての生活と遊びを通して，様々な学びが積み重ねられていくことが重要である。

特に保育所では，複数の利用方法や保育時間が設定されてもいる。保育の目標に向けて，一人一人の暮らしのリズムに配慮しながら，安全・安心な環境を保障し，さらに子どもが探索したり，試したり，挑戦したりできる保育内容を検討する必要がある。

以上本章では，保育内容とは何かということについて，「保育」という言葉の意味から考えた。子どもの存在を「子どもの権利」という視点で私たちの理解を確認した上で，実際の子どもの姿や遊びに思いを馳せながら「子どもをそのまま受け止める」保育の過程について，教育要領や保育指針等を基に考えた。

保育とは，子どもの「やってみたい」「面白そう」という意欲を，安心できる環境の中で育んでいくことである。保育者は，園生活において子どものその時々の思いに寄り添ったり共に考えたりする等，その過程をじっくり味わってほしい。また園内において同僚性を築き，その日の保育を園長，主任等と共に振り返りながら，教育要領や保育指針等に示された保育の目標のもとに次の日の保育の内容を思い描いていく。子どもに育みたい資質・能力や幼児期の終わりまでに育ってほしい姿を見通しながら，子どもの生きる力を育む環境づくりを目指してほしい。

■**演習課題**

課題1：次の事例について，あなたはどのように考えるだろうか。「子どもの権利」の観点から考えてみよう。

> A児（5歳児）が園庭のすべり台を上から滑り降りようとしていた。そこにB児（5歳児）が来て，すべり台を下から登ろうとしている。すべり台の幅は広く，そこでの遊び方に園のルールはない。ただ，A児はB児に気付き，「滑り降りられない」と怒っている。

課題2：あなたが記憶している子どもの頃の楽しかった遊びについて，思い出し，その遊びを支えた「環境」について書き出してみよう。なお，ここでの「環境」には物的，人的な環境の他，時間や規範，雰囲気等，無形なものも含む。

課題3：実習やボランティア等での保育体験の中での子どもが溌剌としていた姿や夢中になって取り組んでいた姿を思い出してみよう。それはどのような場面だっただろうか。その場面の次の日を共に過ごすとしたら，どのような環境設定や準備を考えたりするだろうか。

第2章

保育内容の歴史的変遷

　日本の就学前施設（幼稚園・保育所・認定こども園をいう）は，子どもの健全な心身の発達を図ることを目指して保育を行っているが，子どもの心と体を育てるための保育内容が時代に合わせて考えられ，進展してきた。幼稚園教育要領，保育所保育指針，幼保連携型認定こども園教育・保育要領は，保育の参考や実践の基準となるものであるが，本章ではその保育内容の変遷を戦前と戦後の流れから理解することを目標とする。

1　戦前の保育内容

　戦前の幼稚園や保育所は明治時代に設立され，全国に広がっていった。日本の戦前の幼稚園や保育所の発生の経緯は異なるため，設置の目的や目標とともに，幼稚園や保育所で行われた保育内容をみてみよう。

（1）　戦前の幼稚園の保育内容

　戦前の幼稚園の歴史をさかのぼると，日本で初めてつくられた幼稚園は，1876（明治9）年に設立された東京女子師範学校（現 お茶の水女子大学）附属幼稚園であるといわれている。明治時代の始め，新政府は日本をヨーロッパやアメリカのような近代国家にしたいと考え，欧米の文化や制度をまねて1872（明治5）年に学制*1を制定した。この学制の制定により，日本に小学校・中学校・高等学校等の学校教育制度が成立するが，幼稚園も西洋の教育を日本に導入しようとして設立されたものであった。幼稚園は，"幼児教育の父"と呼ばれるドイツのフレーベル*2が「子どもの庭（Kindergarten）」という意味で名付けた，世界で最初の幼稚園として有名であるが，日本においては，東京女子師範学校附属幼稚園が幼稚園のモデルとして位置付けられ，各都道府県に幼稚園が少しずつ増設され始めてからも，附属幼稚園の規則や教育方法が全国の幼稚園の模範とされた。1877（明治10）年に東京女子師範学校附属幼稚園に園運営のための規則が作られたが，入園資格は満3歳から小学校就学前までの幼児とし，保育時間は4時間程度，保育内容は「物品科」「美麗科」「知識科」の3科と25の子目*3で構成し，主にフレーベルの恩物といわれる遊具を使った保育が行われた。附属幼稚園の保育は，唱歌を歌ったり戸外遊びをする等，

*1　学制
　日本で初めての近代的な学校教育制度を定めた法令。

*2　フレーベル
第1章，p.4参照。

*3　子目
　附属幼稚園では，物品科・美麗科・知識科という3つの保育科目を行ったが，その三科目の中に子目といわれる25の保育内容（活動内容）が含まれていた。

日本独自の活動も取り入れられてはいたが，恩物中心の保育であった。25の子目は24の課に変わり，保育時間が1課につき30分とされる等，当時の幼稚園は小学校の時間割に基づく勉強のような，保育者主導の活動や保育内容となっていた。

　しかし，東京女子師範学校で保母養成に携わっていた歴代の教授たちは，附属幼稚園で行われているフレーベルの恩物中心の保育が子どもたちの成長を本当に促すのかと疑問をもち，明治の終わり頃から大正時代にかけて，子どもの自由や自発性を大切にする新教育運動[*4]が盛んになるにつれ，フレーベルの恩物を使わない保育に変わっていく。1899（明治32）年には幼稚園保育及設備規程が文部省令として出され，幼稚園の保育内容を「遊嬉」「唱歌」「談話」「手技」の保育4項目とし，遊びや歌，先生のお話や絵画等の活動が幼稚園で取り入れられるようになった（図2-1）。さらに1926（大正15）年には「幼稚園令」が勅令され，保育4項目に「観察」を加えた保育5項目になったこと，「等」が追加され，幼稚園での保育内容は保育5項目以外の活動を加えてもよいことになった。この保育5項目は現在の幼稚園・保育所・認定こども園で行われている活動と同じものもあり，これらが就学前施設の保育内容の原型となっていく。大正から昭和にかけて東京女子高等師範学校附属幼稚園の指導主事をしていた倉橋惣三[*5]も，幼稚園で「遊びと生活」を中心とした保育を推奨しながら，誘導保育案や保育カリキュラムの重要性を述べつつ，戦後の「保育要領」につながるごっこ遊びや製作遊び等の子どもにとって望ましい様々な保育活動を幼稚園保母と共に実践していく。

（2）　戦前の保育所の保育内容

　戦前の保育所は「託児所」と呼ばれ，幼稚園の誕生とは異なる形で広がっていく。日本で初めての保育所は，1890（明治23）年に設立された赤澤鐘美・ナカ夫妻[*6]の新潟静修学校附設保育所や，同年の鳥取県の筧雄平[*7]が農村で開設した農繁期託児所といわれているが，保育所の発生には主に3つの特徴や系譜がある。1つは貧困家庭の子どもへの福祉的な施設で，1893（明治26）年に二宮わか（1842-1916）が設立した横浜神奈川幼稚園や1898（明治31）年に片山潜（1859-1933）が設立した東京神田のキングスレー館付設三崎幼稚園，1900（明治33）年に野口幽香（1866-1950）と森島峰（1868-1936）が設立した東京麹町の二葉幼稚園である。これらの幼稚園は貧しい家庭の子どもに対する慈善的な幼稚園であり，当時の名称は保育所ではなかったが，内務省（のちの厚生省）が貧困家庭や母子家庭，両親共働きの家庭の託児所に国庫助成をし始めると，幼稚園は補助金をもらうために保育所に変わり，戦時下に保護者を亡くした子

＊4　新教育運動

　19世紀初頭にヨーロッパで起こり，デューイ（Dewey, J.）等によって発展した教育運動。日本では大正期にとり入れられ，フレーベル主義の保育を改めた児童中心主義の教育観が広まる等，保育現場も影響を受けた。

＊5　倉橋惣三
第1章，p.5参照。

＊6　赤澤鐘美（1864-1937）・ナカ夫妻
　日本で初めての託児所を創始した人で，静修学校に通う中学生の幼いきょうだいをナカが世話をする等，今日の児童福祉事業の先駆けとなった。

＊7　筧 雄平（1842-1916）
　夫婦共働きの農村において農繁期の忙しい時期に地域の子どもを集めて季節保育所を開設した鳥取県の篤志家。

どもや生活困窮家庭の子どもを保育する役割を担うようになる。2つは現在の企業内保育所のような施設である。1887（明治20）年頃には日本国内でも産業革命等の近代化が進む中，紡績工場や炭鉱で働く母親も増え，工場内や炭鉱内にその子どもと母親のための託児所がつくられた。3つ目は農繁期託児所で，昔は農村で父母ともに共働きをする家庭が多く，大人の目が届かないところで子どもが危険にさらされたりけがをすることもあるので，仕事が忙しい農繁期に子どもを集めて保育する農繁期託児所が全国につくられた。これらの託児所は，経済的に厳しく，保護者が働いている家庭が多かったため，栄養のある食事や衛生面，安全面に配慮した保育が行われた。戦前の保育所は統一した保育内容や規則は作られなかったが，地域や園の実状に応じて，遊びとともに，生活習慣等の生活指導に力点を置いた保育が行われていた。

2　戦後の保育内容

　戦前の幼稚園や保育所は，文部省（当時，以下同）や厚生省（当時，以下同）が法令を定めたり補助金の助成を行っていたが，体系化された制度ではなかった。戦後は，教育・福祉制度が整備される中で保育内容が形成されていったが，以下の保育要領時代，6領域時代，5領域時代，保育内容の共通化・類似化の時代の4つの時期に分けて保育内容の移り変わりをみてみよう。

（1）　二元化行政のもとでの保育要領の刊行

　戦後，日本は新しい民主主義国家を目指すべく，日本国憲法が発布され，1947（昭和22）年に学校教育法と児童福祉法が制定された。これにより幼稚園は，小・中・高校等の学校教育体系の最初の段階として文部省の所管する教育機関として位置付けられ，保育所は，乳児院・児童養護施設・障害児施設等の児童福祉施設の一種として位置付けられ，文部省と厚生省による保育の二元化行政が開始される。このように戦後の就学前施設は制度的に分離するのだが，その中でも幼稚園側の文部省が1948（昭和23）年に保育要領を刊行する。この保育要領は，文部省が試案として出した幼児教育の指導書であり，幼稚園だけでなく，保育所や家庭でも行われるべき保育の参考書となるように執筆された。この中には幼児の保育内容として，見学，リズム，休息，自由遊び，音楽，お話，絵画，製作，自然観察，ごっこ遊び・劇遊び・人形芝居，健康保育，年中行事の12項目をあげ，これらの保育内容を「楽しい幼児の経験」とした。この12項目は，子どもたちの心身の発達を促すために，戦前の幼稚園の保育実践の中で推奨されていた望ましい活動例を列挙したものであった。

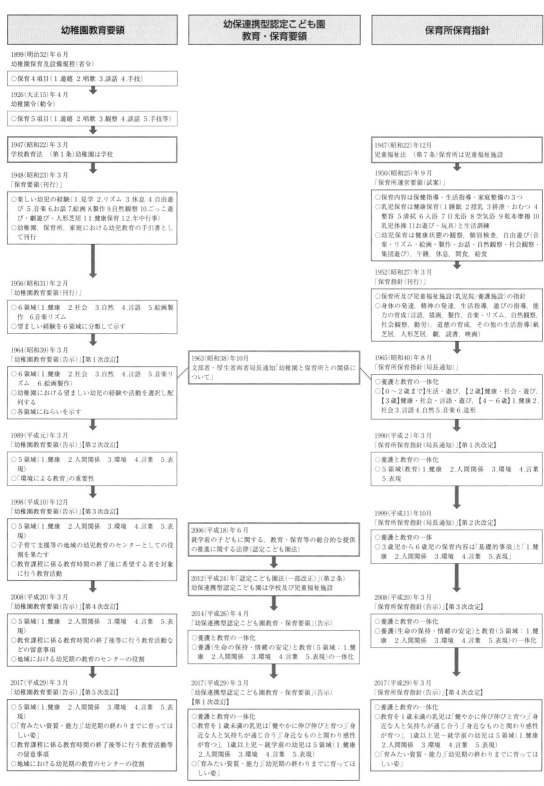

図2-1　幼稚園教育要領，保育所保育指針，幼保連携型認定こども園教育・保育要領の改訂（定）の変遷

出典）民秋 言『幼稚園教育要領・保育所保育指針・幼保連携型認定こども園教育・保育要領の成立と変遷』萌文書林，2017. p.10-11に加筆.

　この保育要領の編纂（へんさん）時には文部省と共に厚生省も参加し，幼稚園と保育所が共同で活用できる保育の参考書にしたい考えがあった。その背景には，通常の家庭か貧困家庭かで通う就学前施設（幼稚園あるいは保育所）が異なる二元化行政体制は子どもたちにとって望ましくないという考えがあり，戦後の混乱や経済状況が一段落した頃に，幼児教育の義務化の議論の中で幼稚園と保育所の一元化の足がかりとなるように幼保共同で作成する意図が含まれていた。

（2）　昭和の幼稚園・保育所における保育内容の「6領域」時代

　1948（昭和23）年の保育要領は，文部省が作成したものであり，厚生省は戦前から保育所運営に関する法令等を定めていなかった。そのため，1948（昭和23）年に児童福祉施設最低基準*8 を制定し，保育所を全国で展開するための保育所独自の基準を定めた。この最低基準第55条で「保育所における保育の内容は，健康状態の観察，個別検査，自由遊び，午睡，健康診断」とし，「自由遊びは，音楽，リズム，絵画，製作，お話，自然観察，社会観察，集団遊びを含むものとする」とし，保育要領の12項目に影響を受けながらも保育所独自の保育内容の基準を示した。この最低基準をもとに，厚生省は1950（昭和25）年に保育所運営指針を，1952（昭和27）年には保育指針を制定した。

　この厚生省の動きに対し，文部省は省内で小・中・高校の学習指導要領の改訂が進められる中で，幼稚園も学校教育のひとつとしてその足並みをそろえるためにも幼稚園独自の教育内容を策定する必要性が生じた。そのため，1956（昭和31）年に幼稚園教育要領を刊行し，1948（昭和23）年の保育要領に示された保育の12項目を保育内容の 6 領域に集約した新しい概念をつくり出した。この 6 領域は，幼児が経験することが望まれる保育内容の12項目という"活動"から，幼稚園生活を通じて幼児に身に付けてほしい 6 つの"概念"として領域をとらえるように考え方を変更した。具体的には「健康」「社会」「自然」「言語」「音楽リズム」「絵画製作」の 6 つの領域が示され，健康な体の育成，対人関係力等の社会性の育成，自然に触れる力，言語能力の発達，音楽や絵画製作等の力の育成といった 6 領域が示された。

　1948（昭和23）年の保育要領では，幼稚園と保育所の保育の基準等は一緒に考えていこうという機運があったが，文部省や厚生省は幼稚園教育要領や保育所保育指針の制定の中で，両省とも幼稚園と保育所はその性格を異にするものであり，幼稚園は「幼児の心身の発達を助長する」（学校教育法 第22条）もの，保育所は「（家庭）保育に欠ける乳幼児を保育する場」（改正前の児童福祉法 第39条第 1 項）として，その違いを強調しながら二元化行政の方向に突き進んでいく。そのような中，1963（昭和38）年に文部省・厚生省両省の共同通知「幼稚

*8　児童福祉施設最低基準：厚生省令として公布された。2011（平成23）年の改正により「児童福祉施設の設備及び運営に関する基準」と題名改正されている。

園と保育所の関係について」が発表され，「保育所の3歳以上児の保育は幼稚園教育要領に準ずることが望ましい」とされた。この共同通知を経て，1964（昭和39）年には幼稚

表2-1 1965（昭和40）年保育所保育指針の保育内容

年齢区分	領域
1歳3か月未満児	生活・遊び
1歳3か月から2歳まで	
2歳	健康・社会・遊び
3歳	健康・社会・言語・遊び
4歳	健康・社会・言語・自然・音楽・造形
5歳	
6歳	

園教育要領の第1次改訂がなされ，翌年の1965（昭和40）年には保育所保育指針が刊行された。特に1965（昭和40）年の保育所保育指針では，「保育に欠ける乳幼児を保育することを目的とする児童福祉のための施設」「養護と教育とが一体となって，豊かな人間性をもった子どもを育成するところに，保育所における保育の基本的性格がある」と現在の保育所保育の骨格となる考え方が示されたが，保育内容は表2-1のように年齢に応じて分類され，保育所の4〜6歳（4歳以上児保育）では保育内容を幼稚園と同じ6領域でとらえる等，幼保ともに保育内容の6領域の考え方・とらえ方が共通化された。

（3） 平成の幼稚園・保育所における保育内容の「5領域」時代

　戦後から昭和の終わり頃までは，幼稚園と保育所は独自の特徴を表明しつつ，保育内容の6領域を共通の概念として使用していた。文部省内では1989（平成元）年の小学校学習指導要領が改訂されることに合わせ，幼稚園教育要領の改訂点が議論された。そこでは幼稚園が学校教育の最初の段階として位置づけられたことから，幼稚園の教育が小学校教育に寄っていった傾向が一部あり，6領域の保育内容を小学校の体育，国語，理科，音楽，図画工作等の教科と同様にとらえ，保育者主導の小学校の時間割のような保育が行われる実態もあったようである。そこで1989（平成元）年の幼稚園教育要領の第2次改訂においては，保育内容の6領域を5領域に再編成し，「健康」「人間関係」「環境」「言葉」「表現」という5領域を“子どもに育てたい5つの観点”としてとらえ直すこと，「遊びと生活」という小学校教育とは異なる幼稚園教育の基本を徹底し，子どもの自立を促しながら自主性・自発性・主体性を伸ばす「環境による教育」の重要性を強調した。この文部省の流れを受け，1990（平成2）年には保育所保育指針の第1次改定がなされ，保育所保育の特色である「養護と教育の一体化」を踏まえた上で，幼稚園と同じ保育内容の5領域を踏まえた保育を行うことが示された。

　1989（平成元）年の幼稚園教育要領と翌年の保育所保育指針の改訂（定）以

降，これらは約10年おきに改訂（定）されるが，1989（平成元）年以降から
2017（平成29）年までは保育内容を5領域でとらえる考え方が一貫してとられ，
現在に至っている。

（4）　幼稚園教育要領，保育所保育指針，幼保連携型認定こども園 教育・保育要領における内容の共通化・類似化の時代

　幼稚園や保育所は，平成以降もそれぞれが独自路線で特色を表す等，お互い
に平行線を保っていたが，世の中の子育て家庭をめぐる状況が，年々変化して
いく。昭和の高度経済成長期とバブル期の頃は，夫が外で働き，妻は家庭で家
事・育児をするという専業主婦家庭が多く，幼稚園に通う子どもの数が多かっ
たが，平成に入ると，男女雇用機会均等法の施行により仕事で力を発揮したい
働く母親や，平成以降の経済状況の悪化により家計が苦しいために働く母親が
増える等，夫婦共働き家庭が増加していく。それにより，保育所に子どもを通
わせたい保護者のニーズが高まり，保育所に入れない待機児童の問題が生じる
一方，都市部や地方の幼稚園等は園児数の減少から閉園・廃園になる状況が生
じた。

　これらの幼稚園と保育所の二元化行政による無駄の解消と合理化のために，
2002（平成14）年，政府は規制緩和による構造改革特区を実施し，幼稚園と保
育所を組み合わせた総合施設の運用を実験的に試行した。その結果を受け，
2006（平成18）年には「就学前の子どもに関する教育・保育等の総合的な提供
の推進に関する法律（通称．認定こども園法）」が制定され，幼保の柔軟な運営が
可能となる「認定こども園」を設置できる法律が施行された。認定こども園と
は幼稚園と保育所それぞれの利点を併せもつ学校であり児童福祉施設であっ
た。また2006（平成18）年の教育基本法改正により「幼児期の教育の振興」が
明示される中，2008（平成20）年の幼稚園教育要領と保育所保育指針の改訂
（定）には両者の整合性を大切にする方針が出された。それにより，2008（平成
20）年の幼稚園教育要領（第4次改訂）と保育所保育指針（第3次改定）の改訂
（定）では，初めて文部科学省と厚生労働省が協議しながら幼稚園教育要領と
保育所保育指針を改めた。特に保育内容のとらえ方を「教育の5領域」とし，
健康，人間関係，環境，言葉，表現の5領域のねらいや内容を，幼保共通に
表記もほぼ同じく類似させて示したこと，2008（平成20）年3月28日に文部
科学省告示・厚生労働省告示として同日に改訂（定）し告示とすることで，幼
保の保育実践を行う際の最低基準となるように共同でガイドライン化した。そ
の後，2014（平成26）年に幼保連携型認定こども園教育・保育要領が告示され
た。この共通化の考え方は2017（平成29）年の幼稚園教育要領（第5次改訂），

保育所保育指針（第4次改定），幼保連携型認定こども園教育・保育要領（第1次改訂）にも引き継がれた。特に，幼稚園・保育所・幼保連携型認定こども園の3歳以上児の保育内容は，各々第2章で三者共通の5領域別のねらいや内容を掲載し，保育所と幼保連携型認定こども園の3歳未満児の保育内容は，乳児保育と1〜3歳未満児保育で共通のねらいと内容を同様に掲げた。また，三者で，「育みたい3つの資質・能力」と「幼児期の終わりまでに育ってほしい姿」を共通に示す等，小学校就学前に子どもたちに育成すべき力が共通で身に付くように，より表記が統一化された。

　長年，幼稚園と保育所は制度的に分離し，幼稚園は「環境を通した幼稚園教育」，保育所は「養護と教育の一体化」等，幼保それぞれが大事にしてきた価値観を強調してきた。しかし2008（平成20）年以降，幼稚園教育要領，保育所保育指針，幼保連携型認定こども園教育・保育要領は，共通に示すことが可能な部分は共通化する方針に変わり，共通の保育内容やねらい・内容とすることで，どの就学前施設に通う子どもも同じ方向を目指して，小学校就学につなげていく保育内容のとらえ方に変わっていった。図2-1は明治から平成までの保育内容の移り変わりを表したものであるが，これらの保育内容の変遷の過程は，それぞれの時代において子どもたちにとってよりよい保育内容とは何かを考え実践し，乳幼児期に身に付けてほしい力を議論する中で形づくられたものである。現在，幼稚園・保育所・認定こども園等の就学前施設は多様な形で運営されているが，これらの変遷過程を踏まえた上で，保育者は子どもたちの実態や個人差に応じながらよりよい保育内容を考え，日々の保育の中で実践していくことが求められているのである。

■**演習課題**

課題1：それぞれの時代に出された幼稚園教育要領，保育所保育指針，幼保連携型認定こども園教育・保育要領の1つの領域（例：環境）について，その変遷を表にまとめてみよう。

課題2：あなたが実習中に指導計画を立てて実践するならば，子どもたちに何を育てたいか，そのねらいを達成するためにどのような活動をどうやって展開したいか，グループで話し合ってみよう。

参考文献
・文部省『幼稚園教育百年史』ひかりのくに，1979.
・宍戸健夫『日本における保育園の誕生』新読書社，2014.

第**3**章

幼稚園教育要領，保育所保育指針等における保育内容

本章では，幼稚園教育要領，保育所保育指針，幼保連携型認定こども園教育・保育要領の重なりや相違を踏まえ，保育内容の重要な概念を学ぶ。子どもの育ちをとらえる視点，子どもの経験や育ちを支える5領域と乳児保育の3つの視点，幼児教育と小学校教育の円滑な接続のための視点，子どもの遊びを支える援助に関する視点をみていく。

1 2017（平成29）年の三法令同時改訂（定）

　乳幼児期の子どもの保育・幼児教育について，現在，我が国には3つのナショナル・ガイドラインがある。幼稚園のための「幼稚園教育要領（以下，要領）」，認可保育所や地域型保育のための「保育所保育指針（以下，指針）」，そして幼保連携型認定こども園のための「幼保連携型認定こども園教育・保育要領（以下，教育・保育要領）」である[*1]。幼保一元化[*2]がなされていないため，複数の法令が存在し一見複雑なようだが，その内容は概ね統一されてきている。

　現在の要領・指針は，2017（平成29）年に同時改訂（定）[*3]され，2018（平成30）年に施行されたものである。この改訂では，2014（平成26）年に策定された幼保連携型認定こども園教育・保育要領が新たに加わり，三法令の内容の整合性が図られた。要領・指針はおよそ10年に一度，見直される。乳幼児を取り巻く環境の変化，国内外の乳幼児教育への関心の高まり，社会情動的スキル（いわゆる非認知的スキル）への注目等，めまぐるしい議論が飛び交う中で，乳幼児期に変わらずに大切にしたいことと，時代に合わせて変化していくことについて慎重に議論が重ねられながら，改訂作業が行われた。

　満3歳以上の保育内容は，要領改訂に関する検討会議が，乳児保育や1歳以上3歳未満児の保育内容は，指針改定に関する検討会議が先行して議論を進め，三省庁（文部科学省，厚生労働省，内閣府：当時）の会議間で連携して改訂作業が進められた。幼保連携型認定こども園では，1号認定（従来の幼稚園に相当する枠）と2号認定・3号認定（従来の保育所に相当する枠）の両方の子どもたちが在籍するため，要領と指針の両方の内容が反映されている。

　満3歳以上児の幼児教育については，0，1，2歳児のみが通う小規模保

＊1　元々，幼稚園は文部科学省所管，認可保育所や地域型保育等は厚生労働省所管，認定こども園は内閣府所管であったが，2023（令和5）年4月のこども家庭庁発足によって，認可保育所や地域型保育等，認定こども園はこども家庭庁（内閣府の外局）所管となった。幼稚園は文部科学省所管のままとなったため，幼保一元化は実現していない。

＊2　多くの国では，異なる省庁が管轄していた幼稚園と保育所が，1つの省庁（多くの場合，教育省）に一元化され，ナショナル・カリキュラムも一本化されているが，日本ではいまだ実現していない状況である。

＊3 幼稚園教育要領と幼保連携型認定こども園教育・保育要領は「改訂」，保育所保育指針は「改定」と表記する通例がある。本書ではこれ以降，両方を述べる際は「改訂」のみ表記する。

育事業等を除く全ての施設に在籍するため，三法令で共通化された。大切にしたい子どもの経験や育ちゆく姿，それを支える保育内容について，どの施設でも共通であることが確認された。なお，2017（平成29）年の指針改定では，保育所が幼稚園や認定こども園と同様，幼児教育を行う施設として認められた。「幼稚園は教育を行い，保育所は子どものお世話をするところ」という誤解がいまだ根強い中，保育所が「幼児教育施設」として強調されたことの意味は大きい。

2 三法令同時改訂の要点

保育内容に関連する最新の改訂の大まかな特徴として，以下のものがある。第一に，中央教育審議会＊4において，幼児教育から始まる全ての学校教育段階で，教育が普遍的に目指す根幹を堅持しつつ，社会の変化を柔軟に受け止めていく「社会に開かれた教育課程」を実現していくという新たな理念が提示された。要領の改訂に際しても，小学校以上の学習指導要領改訂と足並みを揃えるかたちで，「社会に開かれた教育課程」実現のための方法のひとつとして，「幼児教育において育みたい資質・能力」の3つの柱が整理された。これは，幼児期から小学校以降へつながり育っていくものとして位置付けられたものであり，学習指導要領で示された資質・能力の3つの柱の基礎とされる。

＊4 **中央教育審議会**
文部科学省に設置され，日本の教育について専門的に議論を行い，文部科学大臣に意見を述べる審議会のこと。

第二に，上記と関連して，三法令のいずれにおいても，幼児教育と小学校教育との円滑な接続を視野に入れた改訂がなされた。幼児教育が小学校教育の前倒しとなるのではなく，乳幼児期の育ちが小学校以降へとつながっていくということを強調し，「幼児期の終わりまでに育ってほしい姿」（いわゆる10の姿）が書き加えられた。これは，5領域との関連で見られる子どもの育ちを整理したものであり，以前の要領・指針を注意深く読めば，そこにすでに書かれたものの再構成であることがわかる。幼児教育を担ってきた保育者（幼稚園教諭・保育士・保育教諭をいう）と，小学校に子どもを迎え入れる小学校教諭が，10の姿という共通言語を用いて子どもの育ちを語り合えることが目指されている。

第三に，指針の保育のねらい及び内容について，「乳児保育」，「1歳以上3歳未満児の保育」，「3歳以上児の保育」というように，2008（平成20）年改定の指針よりも大きな区分で発達の特徴を踏まえた保育の内容が記載された＊5。1999（平成11）年改定の指針では，今よりも細かい区分で子どもの発達とそれに応じた保育内容について記載されていた。しかし，2008（平成20）年改定時に指針が厚生労働大臣による告示となった際，それまでの章立てが13章から7章へと減る形で見直され，0，1，2歳児の保育に関する記載が希薄になっ

＊5 教育・保育要領でも，年齢等の細かな表記は調整されているものの，指針の記載がほぼそのまま反映されている。

ていた*⁶。しかし，それでは発達の見通しをもちづらいことが指摘され，一方で以前のように細かく区分しすぎるとかえって子ども理解が窮屈になりうること等の懸念から，現在の大まかな3区分となった。そして，0歳からの豊かな経験とそれを支える環境の大切さが改めて強調された。

　以下，要領・指針における保育内容について，詳しく解説していく。

＊6　1999（平成11）年改定の指針では13章編成であったが，2008（平成20）年改定時に7章になった。特に，月齢・年齢別に書かれた章が削除され，3歳以上児を念頭に置いた要領にならって，年齢を区別せずに5領域のねらいと内容が記された。

③　幼児教育において育みたい資質・能力（3つの柱）

　はじめに，幼児教育の要ともいえる「幼児教育において育みたい資質・能力」（図3-1）についてみていこう。要領の第1章総則は，次のように始まる。

第1　幼稚園教育の基本

　幼児期の教育は，生涯にわたる人格形成の基礎を培う重要なものであり，幼稚園教育は，学校教育法に規定する目的及び目標を達成するため，幼児期の特性を踏まえ，環境を通して行うものであることを基本とする。

　このため教師は，幼児との信頼関係を十分に築き，幼児が身近な環境に主体的に関わり，環境との関わり方や意味に気付き，これらを取り込もうとして，試行錯誤したり，考えたりするようになる幼児期の教育における見方・考え方を生かし，幼児とともにより良い教育環境を創造するように努めるものとする。（下線は筆者による）

　ここで「幼児教育における見方・考え方」という言葉が出てくる。幼児教育における「見方・考え方」は，下線部に書かれている内容であり，日本の幼児教育はこの「見方・考え方」に基づいて構想されている。さらに，「見方・考え方」を具体化し，子どもの育ちの視点からとらえた概念として，「幼児教育において育みたい資質・能力」が示されている。幼稚園教育要領の第1章総則にその内容が書かれているので見てみよう。

第2　幼稚園教育において育みたい資質・能力及び「幼児期の終わりまでに育ってほしい姿」

1　幼稚園においては，生きる力の基礎を育むため，この章の第1に示す幼稚園教育の基本を踏まえ，次に掲げる資質・能力を一体的に育むよう努めるものとする。

　（1）豊かな体験を通じて，感じたり，気付いたり，分かったり，できるようになったりする「知識及び技能の基礎」

　（2）気付いたことや，できるようになったことなどを使い，考えたり，試したり，工夫したり，表現したりする「思考力，判断力，表現力等の基礎」

（3）　心情，意欲，態度が育つ中で，よりよい生活を営もうとする「学びに向かう力，人間性等」

　　　　3つの文を読んで，ある特徴に気付いただろうか。これらの文は，いずれも「気付いたり，分かったり，…」や「〜営もうとする」のように，動的な表現になっている。つまり，資質・能力は，「気付く，分かる，できる」のように「できるかできないか」という一時点の個人の能力をとらえる視点ではなく，そこに向かっていくプロセスをとらえる視点として示された概念である。資質・能力に示されているプロセスがいかに豊かであるかが重要となる。

　　　　また，3つ目の柱である「学びに向かう力，人間性等」の文に書かれた「心情，意欲，態度」は子どもの姿を考える上での核となる視点である。2017（平成29）年の要領改訂の検討会議で座長であった無藤によると，心情，意欲，態度は心情から意欲へ，意欲から態度へというプロセスとしてとらえられる[1]。無藤の表現では，次のように説明されている。「心情」とは，「環境への出会いによって起こる驚きや不思議さ，面白さや素敵さの感情」である。身近な環境にある諸々から呼び掛けられ，それに呼応して出会う。そこから環境への感性

1）無藤 隆「白梅学園大学大学院特別連続講座『愛と知の循環としての幼児教育：世界を愛することを学ぶこと』」（2023年10月15日講義資料）．

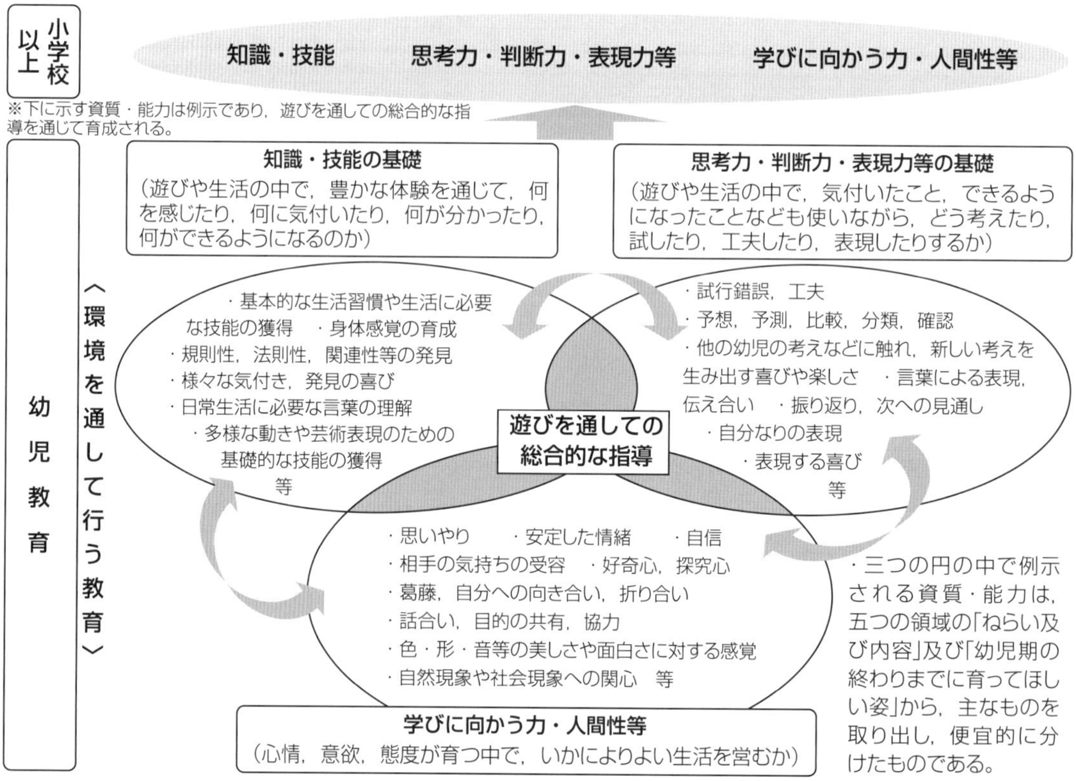

図3-1　幼児教育において育みたい資質・能力
出典）文部科学省「幼児教育部会における審議のとりまとめ」（平成28年8月26日）．

が育つという。環境に出会うと，心情が生まれ，環境に関わりたいという「意欲」がかき立てられる。そして，その環境へアプローチしていく。アプローチするということは，その対象そのものをポジティブにとらえているということであり，意欲とは，能動的に関わるあり方である。そして，そうした意欲をもって，自分なりにやりたいことをイメージし，実現するときの姿勢が「態度」である。実際にやってみて，それを持続的にやっていこうとすることであり，活動の推進力ということもできる。このように，心情，意欲，態度というプロセスに沿って，やりたいことの実現のために工夫し，考え，その物事の特徴に気付いていく。その中で，思考と知識の基礎が育っていく。

　なお，「知識及び技能の基礎」，「思考力，判断力，表現力等の基礎」，「学びに向かう力，人間性等」という資質・能力の3つの柱は，個々に独立して育つものではなく，遊びを通した総合的な指導の中で，影響し合って育っていくものである。そして，これらが基礎となって，小学校以上で育みたい資質・能力である「知識及び技能」，「思考力，判断力，表現力等」，「学びに向かう力，人間性等」へとつながっていく。幼児教育は学校教育の始まりであり，基盤であるということを改めて確認できる。

4　5領域と乳児保育の3つの視点

　「幼児教育において育みたい資質・能力」は，どのような経験を通して育まれていくのだろうか。それを示したのが「健康」「人間関係」「環境」「言葉」「表現」の5領域である。「健康」は幼児の心身の健康に関する領域，「人間関係」は人との関わりに関する領域，「環境」は身近な環境との関わりに関する領域，「言葉」は言葉の獲得に関する領域，「表現」は感性と表現に関する領域である。1つの遊びの中には，複数の領域に関わる子どもの姿や育ちが見られる。つまり5領域に示された内容は，重なり合って見られるものである。

　要領等をみると，「ねらい及び内容」の章に，領域ごとの「ねらい」と「内容」が示されている。「ねらい」とは，それぞれの領域で育みたい資質・能力を幼児の生活する姿からとらえたものであり，「内容」とは，ねらいを達成するために指導する事項を示したものである。ここで「指導」という言葉のもつ意味合いについて確認しよう。『日本国語大辞典』で「指導」と調べると，1つ目の意味として「教えみちびくこと。特に現代では，勉強・研究の方法などに関する助言を与えてみちびくこと」[2]と書かれている。しかし，幼児教育で「指導」とは，「幼児が幼児期にふさわしい生活をすることにより主体的に活動し，その心身の発達に必要な体験を得ることを促すための保育者の営みのすべ

2）『日本国語大辞典』小学館.

3）森上史朗・柏女霊峰編『保育用語辞典第7版』ミネルヴァ書房，2013，p.101.

4）厚生労働省『保育所保育指針』〔第2章 1 （2）イ（ウ）〕2017. 内閣府等『幼保連携型認定こども園教育・保育要領』（第2章　第1）にも同じ内容が示されている。

5）厚生労働省『保育所保育指針』〔第2章 1 （3）イ〕2017. 内閣府等『幼保連携型認定こども園教育・保育要領』（第2章　第4）にも同じ内容が示されている。

て」3）を意味する。つまり，一般的な意味での指導ではなく，「子どもの主体的な活動」が核となっていることに留意が必要である。

　なお，要領・指針では，5領域は3歳以上児の保育と1歳以上3歳未満児の保育で想定されている。1歳未満の子どもを対象とする乳児保育では，5領域のように明確に分けることが難しいため，乳児期の育ちにふさわしい3つの視点から「ねらい及び内容」が示されている。1つ目は身体的発達に関する視点「健やかに伸び伸びと育つ」，2つ目が社会的発達に関する視点「身近な人と気持ちが通じ合う」，3つ目が精神的発達に関する視点「身近なものと関わり感性が育つ」である。1つ目は領域「健康」とほぼ重なる。2つ目は，領域「人間関係」と「言葉」の両方にまたがった視点である。そして，3つ目は，領域「環境」と「表現」につながっている視点である。乳児の場合，特に「子どもの多様な感情を受け止め，温かく受容的・応答的に関わり，一人一人に応じた適切な援助を行うようにすること」4）や，「一人一人の子どもの生育歴の違いに留意しつつ，欲求を適切に満たし，特定の保育士が応答的に関わるように努めること」5）等が重要な点として示されている。

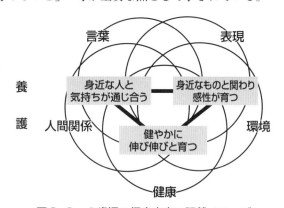

図3-2　0歳児の保育内容の記載イメージ
出典）厚生労働省「保育所保育指針の改定に関する議論のとりまとめ」（平成28年12月21日）.

5 幼児期の終わりまでに育ってほしい姿

　乳児保育の3つの視点，1歳以上3歳未満児の保育の5領域，3歳児以上の保育（幼児教育）の5領域の様々な経験を通して育った子どもたちは，小学校に入学する。幼児教育から小学校教育へ移行する過程で，その両方を貫いて，子どもたちの育ちを支える際の視点として新しく要領・指針等で整理されたのが，「幼児期の終わりまでに育ってほしい姿」，いわゆる10の姿である。前述の「幼児教育において育みたい資質・能力」は，具体的には5領域（健康・人間関係・環境・言葉・表現）の「ねらい」に反映され，「内容」に示された

活動の中で育ち，幼児教育から小学校教育へつながっていく。5歳児の後半頃には，様々な子どもの育ちが見られる。その中で，特に5領域との関連で例示されているのが10の姿である。要領の第1章総則 第2を見てみよう。

（1）健康な心と体

　幼稚園生活の中で，充実感をもって自分のやりたいことに向かって心と体を十分に働かせ，見通しをもって行動し，自ら健康で安全な生活をつくり出すようになる。

（2）自立心

　身近な環境に主体的に関わり様々な活動を楽しむ中で，しなければならないことを自覚し，自分の力で行うために考えたり，工夫したりしながら，諦めずにやり遂げることで達成感を味わい，自信をもって行動するようになる。

（3）協同性

　友達と関わる中で，互いの思いや考えなどを共有し，共通の目的の実現に向けて，考えたり，工夫したり，協力したりし，充実感をもってやり遂げるようになる。

（4）道徳性・規範意識の芽生え

　友達と様々な体験を重ねる中で，してよいことや悪いことが分かり，自分の行動を振り返ったり，友達の気持ちに共感したりし，相手の立場に立って行動するようになる。また，きまりを守る必要性が分かり，自分の気持ちを調整し，友達と折り合いを付けながら，きまりをつくったり，守ったりするようになる。

（5）社会生活との関わり

　家族を大切にしようとする気持ちをもつとともに，地域の身近な人と触れ合う中で，人との様々な関わり方に気付き，相手の気持ちを考えて関わり，自分が役に立つ喜びを感じ，地域に親しみをもつようになる。また，幼稚園内外の様々な環境に関わる中で，遊びや生活に必要な情報を取り入れ，情報に基づき判断したり，情報を伝え合ったり，活用したりするなど，情報を役立てながら活動するようになるとともに，公共の施設を大切に利用するなどして，社会とのつながりなどを意識するようになる。

（6）思考力の芽生え

　身近な事象に積極的に関わる中で，物の性質や仕組みなどを感じ取ったり，気付いたりし，考えたり，予想したり，工夫したりするなど，多様な関わりを楽しむようになる。また，友達の様々な考えに触れる中で，自分と異なる考えがあることに気付き，自ら判断したり，考え直したりするなど，新しい考えを生み出す喜びを味わいながら，自分の考えをよりよいものにするようになる。

（7）自然との関わり・生命尊重

　自然に触れて感動する体験を通して，自然の変化などを感じ取り，好奇心や探究心をもって考え言葉などで表現しながら，身近な事象への関心が高まるとともに，自然への愛情や畏敬の念を

もつようになる。また，身近な動植物に心を動かされる中で，生命の不思議さや尊さに気付き，身近な動植物への接し方を考え，命あるものとしていたわり，大切にする気持ちをもって関わるようになる。

(8) 数量や図形，標識や文字などへの関心・感覚

遊びや生活の中で，数量や図形，標識や文字などに親しむ体験を重ねたり，標識や文字の役割に気付いたりし，自らの必要感に基づきこれらを活用し，興味や関心，感覚をもつようになる。

(9) 言葉による伝え合い

先生や友達と心を通わせる中で，絵本や物語などに親しみながら，豊かな言葉や表現を身に付け，経験したことや考えたことなどを言葉で伝えたり，相手の話を注意して聞いたりし，言葉による伝え合いを楽しむようになる。

(10) 豊かな感性と表現

心を動かす出来事などに触れ感性を働かせる中で，様々な素材の特徴や表現の仕方などに気付き，感じたことや考えたことを自分で表現したり，友達同士で表現する過程を楽しんだりし，表現する喜びを味わい，意欲をもつようになる。

10の姿の説明文にも，いくつかの特徴がある。1点目は，どの文も，「〜生活の中で」，「〜活動を楽しむ中で」，「〜関わる中で」というように，子どもがあらゆる体験をする中で，と書き出している点である。つまり，それぞれの姿を育む体験が重視されている。2点目は，文末が「〜ようになる」と結ばれている点である。先に見た「幼児教育において育みたい資質・能力」の3つの文もそうであったが，これらの姿もひとつの到達点としてではなく，育ちつつある状態，すなわちプロセスとして考えられている。そのため，5歳児の後半の時点で，10の姿に示されている内容が「できるかできないか」という視点で子どもを見るのではなく，それらの姿が「まさに育ちつつあるか」という視点で考える。この点について無藤は，「到達目標ではなく，方向目標としてきたが，経験目標ととらえてはどうか」[6]と新たに提案している。

6）1）と同じ。

これらの姿は5歳児の後半になって突如として現れるものではなく，0歳児からの長い育ちのプロセスの先に現れるものである。各時期にふさわしい育ちの見取り図をもちながら，一人一人の個性や発達の個人差を考慮に入れつつ，それぞれの育ちを支えていく。また，5歳児の後半時点で，10の姿の全てが完璧に育っている必要はない。というよりも，それはまず不可能であろう。みなさん自身のことを考えてみてほしい。自分の中でよく育っている姿もあれば，課題として感じられる姿もあるだろう。人の育ちは元来，凸凹があるものである。その育ちの凸凹を個性として尊重しながら，一人一人のどこを大切に，より育ってほしいと考えるかという視点で10の姿の概念を活用するこ

とができよう。また，先の「幼児教育において育みたい資質・能力」と同様，10の姿をはじめとする子どもの育ちの姿は，個別に訓練して育てるものではない。1つの遊びの中には，複数の育ちの姿が見られる。5領域に示された内容が重なり合って見られるということは，それらと関連する10の姿も重なり合い，影響し合っていると考えるのが妥当であろう。

なお，10の姿は，要領に記されている説明文や，解説にあげられている事例や解釈を参考にすることが肝要である。要領，指針や解説，事例が紹介されている書籍等を通して，子どもたちの生き生きとした姿としてそれぞれの姿が意味している内容を理解することができるだろう。

6　主体的・対話的で深い学び

「幼児期の終わりまでに育ってほしい姿」が子どもたちに育まれるには，どのようなことに留意するとよいだろうか。2017（平成29）年の要領・指針等の改訂では，幼児教育の核である遊びを，「主体的な学び」「対話的な学び」「深い学び」というアクティブ・ラーニングの3つの視点から，指導の改善を図っていくことが新たに強調された[*7]。

人は生まれた時から，常に学び続けている存在である。特に乳幼児期は，遊びの中で，具体的な経験を通して学ぶことが多い。元来，幼児教育（保育）では，子どもの主体的な活動としての遊びが重視され，受容的・応答的な関わりや環境を通した保育が行われてきた。つまり，昨今，全ての学校教育段階を通して注目されているアクティブ・ラーニングの指導を，幼児教育（保育）はすでに行ってきたともいえる。

幼児教育（保育）における「主体的な学び」「対話的な学び」「深い学び」とは，具体的にどのような学びを指しているのだろうか。文部科学省中央教育審議会答申（平成28年12月21日）をみると，下記のように示されている。

*7　「主体的・対話的で深い学び」の用語は，要領〔第1章 第4 3（2）〕に記載されている。

幼児教育における重要な学習としての遊びは，環境の中で様々な形態により行われており，以下のアクティブ・ラーニングの視点から，絶えず指導の改善を図っていく必要がある。その際，発達の過程により幼児の実態は大きく異なることから，柔軟に対応していくことが必要である。

（「主体的な学び」の視点）
周囲の環境に興味や関心を持って積極的に働き掛け，見通しを持って粘り強く取り組み，自らの遊びを振り返って，期待を持ちながら，次につなげる「主体的な学び」が実現できているか。

（「対話的な学び」の視点）
他者との関わりを深める中で，自分の思いや考えを表現し，伝え合ったり，考えを出し合った

り，協力したりして自らの考えを広げ深める「対話的な学び」が実現できているか。

（「深い学び」の視点）

　直接的・具体的な体験の中で，「見方・考え方」を働かせて対象と関わって心を動かし，幼児なりのやり方やペースで試行錯誤を繰り返し，生活を意味あるものとして捉える「深い学び」が実現できているか。

　保育者は，自らの保育実践の最中に，あるいは実践の後に振り返る際，子どもたちが興味や関心をもって主体的な活動や多様な経験ができているか，友だちや保育者とのやり取りを通して自らの考えを広げたり深めたりしているか，対象と関わって心を動かしたり，自分なりに試行錯誤したりする経験ができているかを意識し，検証していく。子どもは何にどのように心が動かされているのか，何をしたいと思っているのか，何を必要としているのかを感じ取っていく。そのように子どもの心の動きを理解しようとすることで，環境の再構成を行い，配慮をもって子どもたちに関わるための手立てが見えてくる。このプロセスが，子どもの経験やそこでの学びをさらに豊かにしていくことになる。

　本章で学んだ「幼児教育において育みたい資質・能力」，5領域や乳児保育の3つの視点，「幼児期の終わりまでに育ってほしい姿」，「主体的・対話的で深い学び」は，いずれも保育者が自らの保育を振り返り，同僚と語らい，次の保育を考える上での重要な視点となる。子どもの姿を深く，豊かにとらえるための指標とし，個性あふれる子どもたち一人一人の育ちを大切に支えていける保育者を目指したい。

■演習課題

課題1：本章で学んだ「幼児教育において育みたい資質・能力」，5領域や乳児保育の3つの視点，「幼児期の終わりまでに育ってほしい姿」，「主体的・対話的で深い学び」の関係を整理して文章や図にしてみよう。

課題2：要領や指針の「ねらい及び内容」や「幼児期の終わりまでに育ってほしい姿」の解説を読んでみよう。具体例として示されている子どもの姿や保育者の援助の配慮から学んだことをまとめてみよう。

課題3：実習や保育のアルバイト，ボランティアで出会った子どもたちの姿を思い出してみよう。本章で学んだ子どもの姿や保育者の援助に関する内容が，実際の経験の中でどのように見られたか／見られなかったかを考えて，グループやペアで議論してみよう。

第4章

様々なニーズと保育内容

　保育の場は子どもたちが育つ環境の一部である。子どもたちは家庭や地域，保育の場で育ち，そこには保護者，地域の人，保育者（幼稚園教諭・保育士・保育教諭をいう）や保育に関わる人，多様な子どもたちの存在がある。そして，子どもの育ちには，子どもを取り巻く全ての人たちが関係し，その相互の連携の重要度が高まってきている。

　ここでは，子どもを取り巻く環境とのつながり，そして社会の変化等をとらえながら，保育の果たす役割について考えていく。

1　幼稚園・保育所・認定こども園における連携（他職種，地域等）と保育内容

　子どもたちは家庭や就学前施設（幼稚園，保育所，認定こども園をいう），そして地域社会の中で育つ。子どもたちにとってそれぞれの場が安心で安全な場であることは，子どもの権利条約*1でも示されているように，子どもの最善の利益を守る社会の責任となる。その時に求められるのは保育者を含む子どもを取り巻く様々な人や場の連携である。

（1）家庭との連携

　園と家庭が子どもを中心としてよいパートナーシップ関係を築くことは，子どもにとって園と家庭が共に安心・安全の場となることにつながる。保育所保育指針（以下，保育指針）では子育て支援の観点から「日常の保育に関連した様々な機会を活用し子どもの日々の様子の伝達や収集，保育所保育の意図の説明などを通じて，保護者との相互理解を図るよう努めること」[1]と示されている。また，幼稚園教育要領（以下，教育要領）では保育者の役割として，幼稚園運営上の留意事項として「家庭との連携に当たっては，保護者との情報交換の機会を設けたり，保護者と幼児との活動の機会を設けたりなどすることを通じて，保護者の幼児期の教育に関する理解が深まるよう配慮するものとする」[2]と示されている。

　子どもの育ちを保護者と共有するためには，登降園時のコミュニケーション，個別の連絡帳や面談等の個々との直接的な共有だけではなく，クラスだよ

＊1　子どもの権利条約（児童の権利に関する条約）

　第3条　1.児童に関するすべての措置をとるに当たっては，公的若しくは私的な社会福祉施設，裁判所，行政当局又は立法機関のいずれによって行われるものであっても，児童の最善の利益が主として考慮されるものとする。

1）厚生労働省『保育所保育指針』（第4章，2（1）ア），2017.

2）文部科学省『幼稚園教育要領』（第1章，第6, 2），2017.

り，園だより，保育の様子を随時写真等のメディアを用いて伝える等の間接的な共有のあり方も工夫されている。

（2）小学校との接続・連携

＊2　スタートカリキュラム

　小学校へ入学した子どもが，幼稚園・保育所・認定こども園等での遊びや生活を通した学びと育ちを基礎として，主体的に自己を発揮し，新しい学校生活を創り出していくためのカリキュラムとされている。
文部科学省　国立教育政策研究所教育課程研究センター「スタートカリキュラムスタートブック」2015.

　幼児教育と小学校以降の教育の接続の重要性については，2008（平成20）年の保育指針及び教育要領，小学校学習指導要領（以下，学習指導要領と表記）の改定（訂）から示されるようになり，現行の保育指針・教育要領，学習指導要領にも引き継がれている。そこで示された「幼児期の終わりまでに育ってほしい姿」を幼児教育と小学校教育の双方が共通にカリキュラム作成に生かすこと，小学校でのスタートカリキュラム＊2の実施等が進んでいる。また，連携のあり方については，子どもだけの交流ではく，保育者や小学校教師の交流を通して相互理解の必要性も指摘されている。

　2021（令和3）年に中央教育審議会初等中等教育分科会の下に，幼児教育の質的向上，及び小学校教育との接続を検討する「幼児教育と小学校教育の架け橋特別委員会」が設置された。5歳児から小学校1年生の2年間を，生涯にわたる学びや生活の基盤をつくるための重要な時期である「架け橋期」とし「幼保小の架け橋プログラム」＊3の実施等が示された。

（3）地域との連携

＊3　幼保小の架け橋プログラム

　子どもに関わる大人が立場を越えて連携し，架け橋期にふさわしい主体的・対話的で深い学びの実現を図り，一人一人の多様性に配慮した上で全ての子どもに学びや生活の基盤を育むことを目指すものとされている。

　子どもたちは家庭を中心とした地域，また園を中心とした地域で育つ。地域とのつながりの中で保育を展開することは，子どもたちの世界を広げるだけではなく，保育者の世界を広げることにもつながる。

　園外への散歩等は子どもたちが地域とつながる機会となる。園の近隣に住んでいる人たちとあいさつをしたり，声を掛けられたりすることを通して，公共の施設等で家庭や園以外の社会に触れることを通して世界を広げていく。

　写真4-1は園の近所にある菜園で地域の人と子どもたちが一緒にダイコンを収穫している場面である。散歩途中で近所の方とあいさつを交わすように

写真4-1　ダイコンの収穫

なったことがきっかけとなり，その方のご自宅の菜園が子どもたちの散歩コースとなった。地域の人と保育者とのつながりが生まれ，いただいた野菜を給食で調理をして食すること等を通して，園と地域とのつながりも広がった。

2　多文化共生と保育内容

（1）社会の変化と多文化共生

　近年，就学前施設には外国につながりをもつ子どもの在籍数が増えている。本書では外国につながりをもつ子どもとは，国籍にかかわらず，保護者の両方，またはそのいずれかが外国出身者である保護者の子どもとする（図4-1）。

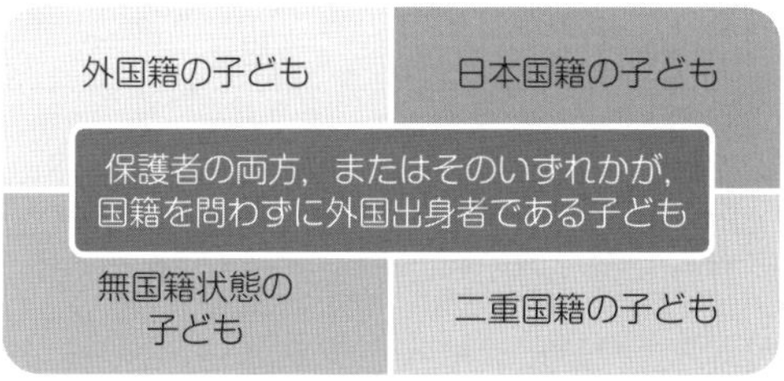

図4-1　外国につながりをもつ子ども

　2021（令和3）年に全国の保育所等を対象とした「外国籍等の子どもへの保育に関する調査研究」[3]では，外国につながりをもつ子どもが在籍をしている保育所等の割合は60.2％であった。また，2016（平成28）年に8都府県の幼稚園を対象とした「幼児期における国際理解の基盤を培う教育の在り方に関する調査研究」[4]では，外国人幼児（日本語指導が必要な外国籍等の幼児）が在籍する園は全体の54.0％であった。このように日本国内では，就学前施設でも多文化が共存する状況が広がっている。

　出入国在留管理庁発表の2022（令和4）年「令和4年末現在における在留外国人数について」[5]によると，出身国に関しては，中国，ベトナム，韓国，フィリピン，ブラジル，ネパール，インドネシアの順で多くなっている（表4-2）。地域による偏りはあるものの，全国47都道府県全てに外国籍の人たちが住んでいる。このように，日本で育つ子どもたちの文化・社会的背景は年を追うごとに多様化してきている。

　これからの保育・幼児教育には，異なることに優劣をつけるのではなく，異なることを認め合い，文化や社会の多様性を尊重し，子どもたちの最善の利益を目指す「多文化共生」の視点が求められる。

表4-2　在留外国人の国別の割合

中国	25%
ベトナム	16%
韓国	13%
フィリピン	10%
ブラジル	7%
ネパール	5%
インドネシア	3%
その他	21%
計	100%

出典）5）の文献を基に作成.

3）厚生労働省（実施主体 三菱 UFJ リサーチ＆コンサルティング）「外国籍等の子どもへの保育に関する調査研究報告書」2021, p.18.

4）文部科学省（公益社団法人全国幼児教育研究協会）「幼児教育の指導方法等の在り方に関する調査研究」2017, p.6.

5）出入国在留管理庁「令和4年末現在における在留外国人数について」2023.

（2）幼稚園教育要領，保育所保育指針，幼保連携型認定こども園教育・保育要領における多文化共生の視点

1）領域「環境」における「多文化共生」

　教育要領，保育指針，幼保連携型認定こども園教育・保育要領（以下，教育・保育要領）では領域「環境」の内容，内容の取り扱いのうち関連する項目は次のように示されている。

（内容）

日常生活の中で，我が国や地域社会における様々な文化や伝統に親しむ。

（内容の取り扱い）

文化や伝統に親しむ際には，正月や節句など我が国の伝統的な行事，国歌，唱歌，わらべうたや我が国の伝統的な遊びに親しんだり，異なる文化に触れる活動に親しんだりすることを通じて，社会とのつながりの意識や国際理解の意識の芽生えなどが養われるようにすること。

　また，保育指針(第2章)と教育・保育要領(第2章)には次のように示されている。

　子ども（園児）の国籍や文化の違いを認め，互いに尊重する心を育てるようにすること。

　＊（園児）は，教育・保育要領における表記である。

　これらのことから，保育の場が自国の文化に親しむのと同時に，外国を含めた異なる文化に触れることを通して，その違いを前提にしながら国際理解の芽生えにつながる親しみ方ができるような保育内容をデザインすることが必要となる。異なることを排除の対象にせず，互いを認め合いながらよりよい「共生社会」を目指すためには，幼児期からの保育・教育の果たす役割が大きい。保育者には異なる文化が共にある時に，どちらかがどちらかに合わせるということではなく，どちらも共にある中で，互いを尊重し合いながら，互いに心地のよい状況をつくり上げていくことが求められる。

2）「多文化共生」につながる保育内容

事例 4-1　緑のトウガラシ？

　年長クラスの保育室の前で育てているピーマンが大きくなってきた。外国籍の保護者と一緒にＡ児が登園すると，保護者がピーマンに興味をもって見ていた。Ｂ児が「ピーマンだよ」と伝えると，保護者がうれしそうに「ピーマン！」とまねをする。その様子を見ていた保育者がその保護者に「英語では何というのですか？」と質問すると保護者は「green pepper!」と教えてくれる。保育者が「緑のトウガラシだって！」と子どもたちに伝えると，子どもたちは驚いていた。

〔解説〕

　子どもたちにとってはクラスの仲間であるA児やその保護者は，肌の色や髪の毛の色，目の色や言葉のトーン等は異なる部分もあるが特別な人ではない。生活を共にする子どもたちにとっては，問題になる違いではないことがわかる。保育者がA児の保護者に「英語では何というのですか？」と聞いたことで，子どもたちは新しい文化に出会うことになった。「green」が緑であることを知っている子どもはピーマンが緑であることで納得をし，「pepper」がトウガラシであることを聞いて，自分の中での知識とのズレに驚いている。

　文化の多様性は生活の様々な場所にある。そのことを子どもたちに気付くきっかけをつくることも保育者の役割である。

3 インクルーシブな保育と保育内容

（1）インクルーシブな保育とは

　前段にもある「多文化共生」を大切にした乳幼児期の教育・保育には共生社会を目指す「インクルーシブ（inclusive）」の視点が重要となる。インクルーシブとは日本語では「包摂・包括」という意味をもつが，最近では「包み込む」という言葉で説明されることが増えている。

　ここでは，インクルーシブな保育を，一人一人が異なることを前提として，保育者が一人一人への子どもに関心をもち，一人一人の違いを大切にする保育として考えていく（図4-2）。

　若月芳浩はインクルーシブな保育実践について「インクルーシブな保育実践

これまでの保育の考え方	インクルーシブな保育の考え方
特別な配慮を必要とする子ども（◆）や，外国につながりのある子ども（✳）を含めて保育を行う	どの子どもも，それぞれが異なる価値のある人として理解をしながら保育を行う

図4-2　インクルーシブな保育の考え方

出典）市川奈緒子『気になる子の本当の発達支援』風鳴舎，2016，p.137の図を参考に著者が作成.

とは，多様な子どもたちを園として受け入れ，当事者である障碍のある子どもと，他の子どもとの関係を深め，どの子どもに対しても一人の大切な子どもとして育て『いろいろな人がいても実践できる保育』『どの子どもにとっても楽しい園生活』『保護者にとっても多様な子どもがいることで保育が楽しくなる実践』を目指すことが必要」[6]としている。そして，これらは特定の方法論で解決できることではなく，目の前の子どもたちと自分たちの生活を通して解決をしていくことで，それらが結果的には保育の質の向上にもつながるとも指摘している。このことは，外国につながりのある子どもと共にある保育においても同様に大切な視点となる。

このように，本来どの子どももそれぞれが異なる価値のある人として理解をしながら保育を創ることが，インクルーシブな保育につながっていく。

（2）インクルーシブな保育における子ども理解と評価

保育は子どもたちの心身の発達の理解をもとに，保育方法や保育技術をたくさん身に付けることで専門性を高めていく営みである。しかし，ショーン（Shön, D.）はたくさんの方法や技術を身に付けるだけでは専門職としての専門性は高まらないということを指摘している。日々の実践を振り返り，そこで気付いたことから保育を改善したり，子ども理解を深めたりするという「振り返り（省察）」を行うことで，専門性が高まるという。ショーンは，「振り返り」を繰り返しながら成長していく専門家を「反省的実践家」と定義している[7]。今日の保育と明日の保育をつないでいくという評価と実践が一体となった営みである保育には「振り返り」を通しての反省的実践が，方法や技術の熟達と同じように重要なものとなる。

乳幼児期の保育の評価は子ども理解をもとに保育者自身が指導の過程を振り返り，子どものよさや可能性を把握しながら保育者自身の指導の改善を目指すことが目的となっている。また保育者が行う評価は，他の子どもとの比較や，一定の基準に対する達成度などによって評定するものではないということを理解する必要がある。

幼保連携型認定こども園教育・保育要領解説（第1章）には，次のように明記される。

その評価の妥当性や信頼性が高められるよう，例えば，園児一人一人のよさや可能性などを把握するために，日々の記録やエピソード，写真など園児の評価の参考となる情報を生かしながら評価を行ったり，複数の保育教諭等職員で，それぞれの判断の根拠となっている考え方を突き合わせながら同じ園児のよさを捉えたりして，より多面的に園児を捉える工夫をするとともに，評価に関する園内研修を通じて，園全体で組織的かつ計画的に取り組むことが大切である。

6）若月芳浩『「インクルーシブ保育」導入のススメ』中央法規出版，2022，p.14.

7）ショーン，D. 佐藤学・秋田喜代美訳『専門家の知恵-反省的実践家は行為しながら考える』ゆみる出版，2001，pp.119-121.

　ここでは，一人一人のよさや可能性をとらえる際に，複数の視点で子ども理解をすることが大切であることが示されている。これは，保育者もそれぞれ一人一人が異なる価値をもつ人であり，そのことを前提にしながら，それぞれの理解を合わせることが，子ども理解には不可欠であることを同時に示している。

　インクルーシブな保育は，子ども同士の関係，子どもと保育者の関係，そして保育者同士の関係等も含め，組織全体が異なる他者を包み込み，生活をつくっていこうとすることから生まれてくる。

（3）インクルーシブな保育を実現するために

　インクルーシブな保育には，子どもに関わる全ての人的環境との連携と協働が求められる。そのためには，それぞれが子どもを中心としながらそれぞれの立場と役割の違いを認識し，互いに配慮をしながらその実現に向かうことが望まれる（図4-3）。

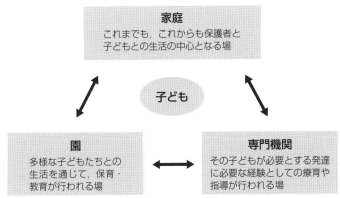

図4-3　インクルーシブな保育を実現するために

1）家庭との連携

　入園を希望する保護者とは入園前に面談を行う。その際に「これまでの家庭での姿」や「これまでに受けた健康診査での様子」等の情報交換をする。入園前の園見学等の際には，どの保護者にも子どもの育ちには心配事があり，そのような際には園に相談をするように伝えていく。共に子どもの育ちを考えるパートナーとしての関係を育むことが大切となる。

2）専門機関との連携

　障害やニーズに応じて子どもが園と専門機関とを行き来するケースもある。専門機関では障害や子どもの評価に関して，専門的な知見や経験をもとに療育・指導をしている。ただし，専門機関での療育場面や指導場面，その評価の結果からだけで子どもの育ちを判断することは，環境の異なる保育場面での姿との子ども理解のずれが生ずる場合もある。

　保育と療育・指導の方法の違いを前提としながら，園での生活や遊びを中心とした保育の中で，保護者の意向や専門家の知見等を踏まえ，対話を通して理解し合うことが望まれる。

■演習問題

課題1：小学校との連携において，子どもたちが遊びを中心とした生活の中で育んできた力を実現するために生活科がどのような役割を果たしているかを考えてみよう。

課題2：外国につながりをもつ子どもが，園において安心して生活することができるために保護者と保育者がどのような連携を図ることができるか考えてみよう。

課題3：保育の中でみんなで取り組む行事（運動会や発表会等）が，インクルーシブなものとなるようにどのような工夫や配慮が必要か，具体的な取り組みを通して考えてみよう。

参考文献

青山新吾・岩瀬直樹『インクルーシブ教育を通常学級で実践するってどういうこと？』学事出版，2019.

市川奈緒子『気になる子の本当の発達支援』風鳴舎，2016.

久保山茂樹『気になる子の視点から保育を見直す！』学事出版，2015.

広瀬由紀・太田俊己『気になる子，障がいのある子，すべての子が輝くインクルーシブ保育』学研プラス，2020.

高倉誠一・広瀬由紀・相磯友子『イラストでわかるはじめてのインクルーシブ保育：保育場面で考える50のアイデア』合同出版，2016.

第**5**章

発達の連続性と保育における
生活の連続性

 「筍の親勝り」ということわざがある。子どもの成長は驚くほど早く，また親（保護者）を超えるほどの優れた存在になりうることを表現した言葉であるが，子どもの成長は一足飛びに実現することはなく，日々の生活や遊びの体験が有機的につながり合いながら涵養されるものである。

　本章では，乳幼児期の発達的変化の概略を学びながら，発達を支える保育者（幼稚園教諭・保育士・保育教諭をいう）として知っておきたい発達のとらえ方について"連続性"に焦点を当てて考えを深めることにする。

1　乳幼児期の発達

（1）発達の考え方

　体重はおよそ 3 kg，身長は50cmに満たないほどだった新生児が，就学を迎える頃には体重はおよそ20kg（出生時の6.6倍），身長はおよそ115cm（同2.3倍）にまで成長する[1]。

1）厚生労働省「乳幼児身体発育調査」2010.

　今日，発達は生涯発達としてとらえられることが一般的である。乳幼児期や思春期にみられる"右肩上がりの急成長"のような一時期の成長・上昇・進歩という側面だけでなく新生児期から老年期まで，場合によっては胎生期から老年期まで視野に入れた生涯における成長・発達を総合的に考える態度を形成しておきたい。

（2）発達をとらえる視点

　子どものどの側面がどのように変化するのか。乳幼児期のおよそ 6 年間における発達的変化は生涯にわたる人間としてのあり方の基盤となる。発達の過程をそれぞれ異なる視点から詳細に説明する理論はこれまでに数多く提唱されてきた（表 5-1）。例えばピアジェ（Piaget, J.）の認知発達理論では，新生児期から児童期に掛けての認知の段階的な変化が詳細に説明されたり，エリクソン（Erikson, E.H.）の心理社会的発達理論では，生涯発達の枠組みの中で各発

表5-1 代表的な発達理論

理論の名称	提唱者	内 容
認知発達理論	ピアジェ,J.	認知の発達に着目し，次の3（または5）段階で理論化した。 ① 感覚運動期（0-2歳） ② 前操作的思考期〔象徴的思考期（2-4歳），直観的思考期（4-7歳）〕 ③ 操作的思考期〔具体的操作期（7-11歳），形式的操作期（11歳〜）〕
社会文化的発達理論	ヴィゴツキー,L.S.	「自分一人で簡単にできる」水準と「もう少し頑張れば，他者と一緒ならできる」水準の間の領域（＝発達の最近接領域）への働き掛けを重視。
心理・性的発達理論	フロイト,S.	精神分析理論に基づく心理性的欲求（リビドー）の固着パターンで発達をとらえた。
心理・社会的発達理論	エリクソン,E.H.	フロイトの精神分析理論を発展させ，人生を乳児期から老年期までの8段階に分け，それぞれの段階で克服すべき課題（発達課題）があるとした。 例：乳児期の発達課題→「信頼 vs 不信」 　　青年期の発達課題→「自己同一性の確立 vs 拡散」
ライフサイクル論	ユング,C.G.	人生を太陽の動きにならって1日の時間経過でたとえ（例：40歳＝「人生の正午」），人間の発達を個性化の過程としてとらえた。また，フロイトの精神分析理論を出発点として，普遍的な「集合的無意識」による"元型"に着目して夢分析を重視した分析心理学（ユング心理学）を確立し，性的なものに限定されないリビドー（心的エネルギー）の向き（内向・外向）と心の機能（思考・感情・感覚・直観）を掛け合わせた8種の性格類型を提唱した。
道徳性発達理論	コールバーグ,L.	ピアジェの発達理論を基にして，道徳性の発達を3水準6段階に分類した。 ① 前慣習的水準（罰と服従への志向，道具的な相対主義） ② 慣習的水準（対人的同調，法と秩序志向） ③ 脱慣習的水準（社会契約的な法律志向，普遍的な倫理的原理の志向）
関係発達論	鯨岡 峻	お互いをあるがままに受け止め合える他者との豊かな「関係性」によって，子どもの「自己性」が育まれるとした。 「私は私」の心と「私は私たち」の心の育ち。

達段階に設定された発達課題の克服とそれに伴う社会性の段階的変化が説明されたりしている。

1）身体運動の発達

身体運動の発達は，順序性や方向性が比較的安定していることから，発達の状態を把握しやすい側面である。

乳幼児期の身体運動発達をとらえる視点は3つあり，① 原始反射の出現と消失，② 粗大運動，③ 微細運動，である。原始反射は新生児〜乳児期に限定的にみられる生得的な反射行動のことで，外界からの誘発刺激に対する自動的な反応が数種あり，乳幼児健康診査（特に1か月児健診）でその状況が確認される。原始反射の出現と消失は，その後の発達に関連する今後の発育・発達への準備状態が整っていることを示すものととらえることができる（表5-2）。

表5-2　代表的な原始反射

原始反射の名称	誘発刺激や方法と内容	平均的な消失時期	乳児期以降の発達との関連
吸啜反射／探索反射	唇や舌に触れたものを吸おうとする反応。	4～7か月	母乳やミルクを飲む行動。食行動（咀嚼や嚥下）や発話に関連。
モロー反射	仰向けで頭を持ち上げで軽く落とすような動作や，大きな音や光等の驚くような刺激を受けた時，手足を伸展した後に抱きつくように屈曲する。	3～4か月	驚いた時や恐怖を感じた時に母親に抱きつく行動。不安や危険に対する適応的行動に関連。
バビンスキー反射	足の裏を触ったりつついたりした時，親指を甲側に曲げたり指を扇状に広げる。	12～24か月	足・足指を使って地面をつかむ行動に関連。
把握反射	手のひらを触ったりつついたりした時，手全体でものを握りしめる。	4～6か月	手や指を使ってものをつかむ行動に関連。
非対称性緊張性頚反射	仰臥位（仰向け）で頭を左右の一方向に向けると，向けた側の腕と足は伸展し，反対側の腕と足は屈曲する（フェンシングポーズ）。	2～6か月	感覚（視覚や触覚）と運動の協応関係の獲得に関連。
対称性緊張性頚反射	腹臥位（うつ伏せ）で頭（顎）を上げると腕を伸展し足は屈曲する。逆に，頭（顎）を下げると腕は屈曲し足は伸展する。	8～12か月	感覚（視覚や触覚）と運動の協応関係の獲得に関連。特にハイハイとの関連。

　粗大運動とは全身を使った比較的大きな動きのことであり，首が座る→寝返り→一人座り→ハイハイ→つかまり立ち→つたい歩き→歩行，のように順序性の安定した発達をたどる。微細運動とは手指の動きや使い方が次第に上手になること，すなわち巧緻性が高くなることであり，以降の様々な発達に大きな影響を及ぼすものである。

2）認知の発達

　自分の身の回りのあらゆるものやこと，すなわち外界を認識し，知識を獲得する過程やその働きを認知という。認知の段階的変化を発達の基礎ととらえたピアジェは，外界を認識する仕組みである“シェマ（認知的枠組み，行動様式）”の同化と調節という2つの働きによって認知過程とその発達を説明した。同化とは，すでに子ども自身が獲得しているシェマに外界の新規な刺激を当てはめて認識する働きのことであり，調整とは外界の刺激に応じて既存のシェマを変容させて新たな認識を得る働きのことである。

　認知の発達は，感覚や知覚の働きによって様々な外界の情報をどのようにして取り込み，どのように処理し，どのようなことが認識されるのかという一連の情報処理過程とその過程で操作される表象（知識やイメージ）のまとまりの

複雑性によって変化する。単に知識を獲得するだけでなく，思考や言語，意思決定等，高次な脳の働き全般に関わる最も重要な発達の視点のひとつである。

3）言葉の発達

新生児は言葉を自由に操ることはできない。しかし，表情，視線，しぐさ，音（音声のような音）等のいわゆる非言語的コミュニケーションと呼ばれる表現を用いながら他者と関わり，十分に気持ちを通じ合わせることができる。そうして形成された安定して良質な愛着（アタッチメント）*1 の下で，たくさんの言葉を聞き，話し，感情や意志を伝え合おうとする動機付けは言葉の発達の原点である。

言葉は他者とのコミュニケーションを支えるだけでなく，自分の考えを整理するのに役立ったり，自らの行動を制御するのに役立ったりする。言葉がもつこれらの機能が十分に発達することは，認知や行動の発達とも密接に関連しているのである。

生後2，3か月頃になると，「くぅー」「あぅー」という音を発声するようになる。これはクーイングといい，その後につづく喃語*2，規準喃語，単語音声等の話し言葉につながる発声の土台である。1歳頃には1つの単語に文としての機能や意味をもたせて使用する"一語文"が使えるようになり，2歳で二語文を使い，3歳頃までには大人が使うようなほぼ完成された文を話すようなる。特に1歳後半から就学を迎える頃の間は急激に理解あるいは使用できる単語の数が増え，このことは"語彙爆発"と呼ばれている。

4）社会性の発達

社会性の発達の出発点は，良質な愛着の形成である。人生の最初期に，特定の他者（母親の場合が多いが，母親以外の場合も十分にあり得る）との間に良質な情緒的つながりを形成することは，乳幼児に大きな安心感をもたらすとともに，他者と関わることへの興味を育むことになる。愛着対象との信頼感に満ち溢れた温かい関係性そのものが，友だちとの関係づくりのモデルとなる。

園生活で多くの友だちと一緒に遊ぶ中で，お互いの気持ちが触れ合い，時には自分と異なる気持ちや考えがあることに気付く。自分の気持ちを相手に伝えたいと思う気持ちと，相手の気持ちをわかりたいと思う気持ち等が複雑に交差する経験を積み重ねながら，お互いを尊重し合ったり，他者を介して自分自身を理解したりすることもある。

5）道徳性の発達

本章でこれまでみてきたような種々の発達がお互いに関連し合い，ようやく「人らしさ」「人間らしさ」の現れともいえる道徳性が発達する。コールバーグ（Kohlberg, L.）はピアジェの認知発達理論の枠組みを継承して，道徳的な判断

*1　**愛着**（アタッチメント）

　特定の養育的役割をもつ他者（多くの場合，母親）との間に形成される情緒的な絆のこと。愛着が形成されることにより愛着対象が安全基地としての役割をもつようになり，子どもは安心して探索行動の範囲を広げたり，困難なことにチャレンジしたりしやすくなる。

*2　**喃語**

　生後4か月を過ぎる頃から出現し始める乳児特有の音声で，特に /p/，/b/，/d/といった音が含まれることが多い。喃語の発生には乳児自らが唇や舌，喉等の発声器官をコントロールする様子が見られ，後の正確な単語発声の基礎となっている。

や思考の根拠となる道徳的概念とその構造を，① 前慣習的，② 慣習的，③ 脱慣習的（自律的）の 3 つの水準に大別し，それぞれをさらに 2 段階に分けて全体として 6 段階にまとめた[2]。

　道徳性も認知発達同様に，年齢を重ねるにつれて少しずつ変化するものである。一足飛びに崇高な倫理的規範を子どもに求めることは避け，子ども自身が様々な葛藤を経験したり，様々な役割を取得したりする過程に寄り添いながら道徳的成熟を支えていきたい。

2）Cengage Learning Gale, *A Study Guide For Psychologists and Their Theories For Students: LAWRENCE KOHLBERG*, Gale, 2015, pp.50-51.

2　発達の連続性

（1）段階的発達理論と実際の子どもの発達

　前節では，これまでに発達の諸側面について整理してきた。これらは実際には総合的・有機的につながり合い，時には一見すると停滞したり逆戻りしたりしながら発達するものである。幼保連携型認定こども園教育・保育要領では乳幼児期における発達とそれに応じた幼児教育・保育のあり方について次のように記されている（第 1 章 総則 第 1）。

> 　乳幼児期における発達は，心身の諸側面が相互に関連し合い，多様な経過をたどって成し遂げられていくものであること，また，園児の生活経験がそれぞれ異なることなどを考慮して，園児一人一人の特性や発達の過程に応じ，発達の課題に即した指導を行うようにすること。
>
> ＊1 幼稚園教育要領（第1章 総則）にも同様の記述がある。

　発達理論の多くは発達的特徴が順序よく段階的に獲得するものとして構成されているが，実際の子どもの育ちは日々常に変化しつつある姿の連続体として存在している。月や年度が切り替わる度に高い段差を飛び越えるような発達が生じるわけではなく，傾きの緩急はあるにせよ緩やかに変化し続けることを念頭に置いた実践が求められる。

（2）発達の諸側面の連続性と評価の視点

　「幼児期の終わりまでに育ってほしい姿」＊3 としていわゆる "10の姿" が方向目標として示されたり，保育を構成する領域として "5 領域" が示されたりする中で，"10の姿" や "5 領域" の育ちをそれぞれ独立した視点としてとらえ，保育を実践し，子どもの発達を評価することがあるかもしれない。保育者は個別の視点を丁寧に観察しながら保育することは大切ではあるが，常に子どもの

＊3　幼児期の終わりまでに育ってほしい姿

　幼児教育・保育において，幼児期にふさわしい遊びや生活を積み重ねることによって育まれる資質・能力についての具体的な10種の姿のこと。これらは幼児教育を行う施設として，幼稚園，保育所，幼保連携型認定こども園共通のものである。詳しくは，第3章，p.22以降を参照。

発達を全体的変化としての発達理解，存在全体としての子ども理解という視点を忘れてはならない。

　全体的変化として発達を理解するということは，子どもたちが何かを上手にできるかできないかということを個々に判定することではなく，今，何が育ちつつあるのかを丁寧に観察し，理解することである。これは領域横断的な理解であると同時に，過去・現在・未来という時間的変化の理解でもあり，どちらも発達の連続性に基づく子ども理解である。

3　幼稚園・保育所・認定こども園の一日にみる連続性

（1）　指導計画の連続性

　指導計画は，園で設計される計画の全てが連動していることが望ましい。指導計画には，短時間の遊びやサークルタイムの計画に始まり，日案や週案等の短期指導計画，月や期（季），年間等の長期指導計画，さらには教育課程（全体的な計画）等がある。今日の午前中に室内で行った自由な製作遊びの内容や方法が，6年間や3年間の園生活全体のどこに位置付けられた活動なのか，個々の子どもの発達全体の中でその活動はどのような発達的意義をもたらすのか等についてよく考え抜かれた計画を立てる。子どもの育ちつつある姿に最適な保育を実践することが，子どもの発達を促す。

　短期・長期にかかわらず指導計画は幼児教育・保育に欠かせないものだが，一方でいつでも当初の計画に忠実であり続けることのみが求められているわけではない。子どもの心身の状態，子どもや保育者の人数，天候，園内外の種々の制約等によって，計画に記した保育内容から変更することが望ましい状況は多々ある。しかし，そうであるからこそ，質の高い指導計画を作成しておけば，臨機応変な実践によって変更されたとしても，保育内容のどこをより深めていきたいか，補いたい体験や活動は何であるかが明確になり，次の保育につなげることができる。

1）一日の流れの中の連続性

　園児が登園してすぐに遊び始めたい気持が強くなり，園内での身支度もそこそこにあちらこちらを駆け回り遊びに没頭する姿を見ることができたら，保育者としては昨日から今日にかけての時間的・空間的なよい流れができているととらえてよいだろう。昨日の保育を十分に楽しめて，家庭でも温かく快適で楽しい時間を過ごし，よく食べ，よく眠り，朝の排便も快調だったかもしれない。

　今日の生活や遊びへの期待感は，担任保育者が保育環境を工夫することにより高まる。そのような環境構成に加えて，毎日の生活や遊びとの連続性とその中で育ちつつある子どもの興味・関心・能力等がほどよい一体感を示した時に，次の生活や遊びへの期待感が次第に高まっていく。したがって，子どもの体験としていかに優れた個別の習い事的な“プログラム”があったとしても，それらを独立したものとして園の課程に組み込むことはあまり得策ではない。子どもの発達は，曜日や時間に規定されて進むものではないから，毎日の連続性，あるいは登園から降園までのつながりを常に意識して，個々の保育実践に取り組んでいきたい。

写真5-1　帰りの集まりの様子
　その日，一緒に遊んだ年中クラスの園児が年長クラスのお兄さんお姉さんに感謝のお手紙を届けに来て，楽しい思い出を一緒に振り返り，明日の遊びへの期待感を膨らませる。

（2）遊びの連続性

　「乳幼児期における自発的な活動としての遊びは，心身の調和のとれた発達の基礎を培う重要な学習である」[3]と示されているように，遊びは幼児教育・保育の中心的役割を担っており，園の内外を問わず生活のあらゆる場面にあふれている。それらの遊びが次々とつながり合う中で，楽しさが一層増したり発展したりして，遊びを通した学びが深まることが期待される。

　例えば，家庭での日常生活の体験が園での遊びとつながり，家庭や個人として味わった楽しさを友だちと共有したり，1人では実現が難しい遊びが友だちと協力することで実現したりして，さらなる興味や関心につながることがある。同様に，園での遊びが家庭での遊びや親子での生活時間を豊かにしてくれることもあるだろう。遊びの連続性の観点からも園と家庭はよくコミュニケーションをとり，子ども，保護者，保育者が共に育ち合う主体者としてよい関係を築いていきたい。

3）内閣府等『幼保連携型認定こども園教育・保育要領』（第1章第1 1）2017.
＊幼稚園教育要領（第1章 第1）にも同様の記述がある。

**写真5-2　家族で行ったうどんやさん
を実物さながらに再現**
細部にこだわったり，役割分担をしたり
してクラスの友だちみんなで楽しむ。

（3）幼児教育・保育における発達の連続性の考え方

　今，目の前にいる“この子”にとっての発達の連続性とは何であるか。

　年長児だから午睡は不要と決め付けなくてもよいし，2歳児はみな社会性
が未発達であると決め付けることもない。「今日のこの子は午睡が必要だとい
うことがわかる」「まだ上手に伝えられないけれどお友だちのために水筒をも
ってあげたいと思っている様子がわかる」というように，保育者が日々の徹底
した子ども理解に基づいて，どれだけ丁寧に，正確に，子どもの育ちつつある
姿を理解できているか，ということが最も重要である。個に応じた保育，個の
発達の連続性に即した保育は，毎日の保育を通して，子どもの育ちつつある姿
の理解が蓄積されることによってのみ実現すると考えて保育実践を重ねていき
たい。

撮影協力園　幼保連携型認定こども園せんりひじり幼稚園

■**演習課題**
課題1：いわゆる「赤ちゃん返り」のような一時的な退行現象がその後の発達
　　　　に与える影響についてまとめてみよう。
課題2：園で実際に作成されている様々な指導計画を参照して，発達の連続性
　　　　に配慮した取り組みや工夫がどのように実現しているのかを分析して
　　　　みよう。
課題3：発達の連続性を記録したり評価したりする時の留意点や具体的方法に
　　　　ついて実践例を調べ，その内容や効果についてグループディスカッシ
　　　　ョンしてみよう。

第6章

子ども理解と計画

　乳幼児期の教育・保育は，子どもの発達や一人一人の特性を理解し，子どもの気持ちや行動に寄り添いながら，子どもが自ら育つことを支援する営みである。保育者（幼稚園教諭・保育士・保育教諭をいう）はどのようにして子どもを理解し，指導の改善を図り，次への計画へとつなげていけばよいだろうか。

　本章では，遊びや生活の中での子どもの姿を通して，子ども理解を深めていくプロセス，子ども理解に基づいた評価・改善，指導計画の作成等について考えていく。

1　子ども理解と省察

（1）子ども理解から始まる保育

　子どもは，周囲の環境に能動的に関わり，自ら育つ力をもっている。子どもが自分の力を十分に発揮し，必要な経験を積み重ねていくために，保育者は子ども理解と自らの指導・援助の省察を欠かすことはできない。倉橋惣三は，著書『育ての心』の中で次のように語っている。

> **子どもらが帰った後**
>
> 　子どもが帰った後で，朝からのいろいろのことが思いかえされる。われながら，はっと顔の赤くなることもある。しまったと急に冷や汗の流れ出ることもある。ああ済まないことをしたと，その子の顔が見えてくることもある。一体保育は…。一体私は…。とまで追い込まれることも屡々である。
>
> 　大切なのは此の時である。此の反省を重ねている人だけが，真の保育者になれる。翌日は一歩進んだ保育者として，再び子どもの方へ入り込んでいけるから[1]。

　子どもを理解することから保育は始まる。しかし，見えない子どもの内面を理解することは容易なことではない。保育を振り返る中で，「もしかしたら，○○ちゃんはこう考えていたのではないか」「自分はなぜあのような言葉を掛けたのか」と，子どもの心情を振り返り，保育者自身の関わりを省察する。その積み重ねによって，子どもの理解者としての専門性が磨かれていく。

1）倉橋惣三『育ての心（上）』フレーベル館，2008，p.49.

（2）　共感的・肯定的な理解

　　保育の原点は，子ども一人一人をかけがえのない存在として受け止め，その子どもの視点に立って，共感的・肯定的に理解することにある。入園当初のA児の姿を通して，A児の思いと保育者の関わりについて考えてみよう。

> **事例6-1　帽子を脱がないA児の思い（3歳児4月）**
>
> 　入園後，A児は嫌がる様子もなく登園している。しかし，朝は保育室に入らず，カバンと帽子を身に付けたまま園庭で遊び始める。保育者が「カバンと帽子を置いてから遊ぼうか」と声を掛けるが，首を横に振る。「先生が置いてきてあげるよ」と言うと，カバンだけは渡すようになった。集まりになると保育室に入ってくるが，帽子は降園までかぶったままである。
>
> 　2週間ほどたったある日，保育者は集まりの前に，A児に「お部屋では帽子を脱ぐんだよ。ほら，みんなかぶってないでしょう」と優しい口調で声を掛けた。A児は体を固くして立ち尽くし，涙ぐんだ。保育者はハッとして「大事な帽子なんだね」と，そっとA児の肩を抱いた。

　　入園後，子どもたちは保育者とのつながりを基に，徐々に園生活の流れがわかるようになり，緊張や不安も少しずつほぐれてくる。保育者は，帽子を脱がないA児の様子を見守っていたが，登園を嫌がる様子はなかったため，「園生活の仕方を知る」というねらいを意識して，皆と同じように帽子を脱ぐよう声を掛けた。だが，A児は大きな不安を表した。A児にとって帽子を脱がないという行為は，園生活の楽しさと不安や緊張の狭間で，いつでも家に帰れる状況でいたいという思いの表れ，あるいは家庭とのつながりを感じ安心を得るための拠りどころなのかもしれない。保育者は「大事な帽子なんだね」と関わりを修正し，温かく受け止めている。

　　保育には，子どもに育てたいねらいがある。その指導の過程において，子どもの心情に共感し，肯定的に理解して温かい関わりを重ねていった先に，子どもが自ら必要なことと受け止めて取り組む姿が見えてくるのである。

（3）　個々の発達と学びのプロセス

　　保育者は，子どもの発達の道筋を踏まえ，必要な経験が得られるよう見通しをもって意図的に指導を行う。しかし，単に一般的な発達の傾向に当てはめて「できる・できない」を判断することは，子ども理解を誤ったものにしてしまうことに留意しなければならない。発達のたどり方は一人一人違う。言葉の発達が顕著な子もいれば，言葉はゆっくりでも運動的な側面は進んでいる子もいるように，その子どもの発達の特性は，その子どもの個性でもある。大切なことは，何ができるようになったかという結果だけではなく，子どもの学びのプ

ロセスを理解していくことである。なぜならば，心情，意欲，態度は活動の過程を通して育まれ，生きる力の基礎となっていくからである。

（4）　個と集団の育ち合い

　子どもたちは，家庭という親密で小さな集団を基盤に，同年代の友だち集団へと大きく世界を広げ，共に育ち合っていく。幼稚園教育要領解説（序章 第2節）には，個と集団の関わりについて次のように示されている。

　　（…略）集団での生活の中では，親しい人間関係の下で営まれる家庭生活とは異なり，自分一人でやり遂げなければならないことや解決しなければならないことに出会ったり，その場におけるきまりを守ったり，他の人の思いを大切にしなければならないなど，今までのように自分の意志が通せるとは限らない状況になったりもする。このような場面で大人の手を借りながら，他の幼児と話し合ったりなどして，その幼児なりに解決し，危機を乗り越える経験を重ねることにより，次第に幼児の自立的な生活態度が培われていく。

　子どもは，保育者を拠りどころとしながら，友だちと一緒に遊ぶ楽しさを知っていく。楽しさを基盤に友だちと関わる中で，互いの存在を認め合い，ときにはぶつかり合いながら自立に向かい，人と共に生活する喜びを味わっていく。集団の教育力が個を育て，個の育ちは集団の育ちへとつながっていく。

2　観察・記録・評価・改善

（1）　子ども理解に基づいた評価

　子どもの学びのプロセスを理解するということは，保育者の指導を評価することに他ならない。指導の過程を振り返りながら子どもを理解し，指導・援助が適切であったかを評価し，次の手立てにつなげていくことが大切である。しかし評価は，保育者の経験や保育観・価値観等によって異なってくるため，評価の妥当性や信頼性を高める工夫をしていく必要がある。

観察する，関わる

　子どもは言葉，表情，しぐさ，視線等，全身で自分の思いを表現する。目に見える言動から，見えない子どもの心情を理解するためには，子どもの様子をただ漠然と見るだけでなく，視点をもって意識的に観る必要がある。

　　○何に興味・関心をもち，どうしたいと思っているか

　　○周囲の人・もの・こと等，環境にどのように関わっているか

○何を楽しみ，どのようなことにつまづいているか

○友だちとの関わりの様子はどうか

○技能的な育ち（運動技能，指先の巧緻性等）はどうか

○これまでの経験とのつながりはどうか　等

また，保育者が実際に遊びの仲間として関わりながら，会話をしたり子どもと同じように動いてみたりする中で，やりとりや息遣い等から，見ているだけではわからない子どもの考え，気持ち，成長に気付かされることも多い。

（2）　記録を通して理解・評価・改善する

観察や関わりから得た気付きを記録として言語化しつつ，保育者自身の関わりを評価・改善することにより，保育の質が高まっていく。

次の事例は，3年目の保育者のエピソード記録である。

事例6-2　ひとり遊びが多いB児と思っていたけれど…（4歳児9月）

B児は友だちと一緒に遊んでいても，いつのまにか遊びを抜けて1人で遊んでいることが多い。今日も砂場で1人，型抜きをしていた。カップの形にきれいに抜かれた砂を砂場のふちにいくつも並べている。私もやってみたくなり，そばで型抜きを始めると，B児が「もう少しお水があった方がいいよ」「パッていそいでひっくりかえすの」と教えたり，やって見せてくれたりした。C児が「私もやりたい」と言うので，「Bちゃんが，型抜き名人だよ」と伝えると，B児は「こっちの砂がいいよ」と自分のそばの砂を指さしシャベルを渡した。「そうっと（カップを）はずしてみて」「コンコンて叩いてみる？」「できたね」と教えたり喜び合ったりしながら，2人で片付けまで遊んでいた。

はじめは，1人で型抜きをしていると漠然ととらえていたが，B児が自分から型抜きの仕方を教えてくれて，砂と水の量の関係に気付いたり，崩れないための工夫をしたりしていることがわかった。きっと1人で繰り返しためしていたのだろう。友だちと遊んでほしいという思いが先走り，B児がどのように遊んでいるのかを見ようとしていなかったことに気付かされた。自分のやりたいことであれば，C児に教えたり，楽しい気持ちを共有したりできるB児。明日から，B児のしていることが周りの子にも伝わるように橋渡しをしていこう。そして，いろんな形が楽しめるようカップの種類も増やしてみようと思う。

多くの子どもが，友だちとのやりとりを楽しむようになる中で，保育者は，B児が友だちとの関わりが楽しめていない様子が気に掛かっていた。事例においても，はじめは1人で型抜きをしていると漠然ととらえていたが，B児の遊びに面白さを感じ，同じように型抜きを始めると，B児は親しみを感じたのか，自分から保育者に型抜きのやり方を伝えている。保育者は，B児が1人で繰り返し型抜きをする中で経験してきたことを理解するとともにC児との橋

渡しをしている。また，C児とのやり取りから，B児の友だちと関わる力を読み取り，保育者自身のB児に対する見方が一面的であったと振り返っている。B児への共感的理解に基づいて指導を評価することにより，環境構成や関わりについて改善策も考えることができている。

　日々の記録を積み重ねることで，子どもを理解する力や子どもへの応答的な関わり，保育を構想する力が磨かれる。一つ一つの記録がつながって発達や学びの連続性をとらえることができ，評価の信頼性や妥当性が高まっていく。

〔記録の様式〕

　記録には，① 名簿に書き込む記録，② 一定の枠組みを決めて書く記録，③ 日案に書き込む記録，④ 学級全体の遊びを空間的にとらえる記録[2]等，様々な様式がある。事例6-2のようなエピソード型記録や，写真による可視化を図りながら振り返りや意見交換をしたり，保護者に教育内容を発信したり等，ドキュメンテーション型の記録も活用されている。個人情報の取扱いに留意しながら，目的に応じた様式を活用する。また，ICT（Information and Communication Technology：情報通信技術）を活用して子ども理解を広げ支援を充実させていく研究[*1]等も行われている。遊びを中心とした保育においては，全ての子どもの動きを詳細に把握する難しさがあり，情報通信技術を取り入れていく効果も期待される。しかし，子どもに直接関わっていくのは保育者である。保育者自身の感性や専門性，人間性の豊かさは変わることなく求められる。常に学び続け，子どもと共に成長していく保育者でありたい。

（3）　様々な連携を通して子ども理解を深める

　子ども理解を深めるためには，保育者間で情報を共有したり，記録をもとに話し合ったりしながら子どもを多面的にとらえることが必要である。担任ひとりでは気付かなかった子どもの気持ちや行動の意味を理解したり，意見交換を通して，園全体の教育・保育の質の向上を図ったりすることができる。

　また，保護者に子どもの学びのプロセスをポジティブに伝えていくことにより，保護者の教育・保育内容への理解を深め，子どもへの支援や関わりを共有していくことができる。園と家庭が情報交換し，双方が子どもへの関わりに生かしながら，共に子どもを見守り育てていく信頼関係を築いていくことは，子どもが安心して生活し，伸びやかに成長していく大きな支えとなる。

　発達に課題のある子どもについては，専門機関（発達支援センター等）と連携することにより，具体的な助言（その子どもの困難さを理解し，集団生活を送る上での配慮点やその子どもに応じた環境構成，支援等）を得ることもできる。

　子ども理解を深め，指導の改善を図っていく上で連携は不可欠である。

[2] 文部科学省「指導と評価に生かす記録」2021, pp.36-45.

[*1] 神戸大学「これからの幼児教育とICTの活用～幼児理解の深化と支援の充実へ～」等を参照。

3　保育における計画の意義・種類

（1）　指導計画の意義

　乳幼児期の教育・保育は，環境を通して行うものである。子どもが主体的に環境に関わり，発達に必要な経験を重ねていくためには，子どもの実態や時期，興味や関心に応じ，園や地域のもつ資源を生かして長期・短期の指導計画を作成し，園生活が計画性をもって営まれるようにすることが重要である。

全体的な計画・教育課程

　全体的な計画について，幼稚園教育要領や保育所保育指針，幼保連携型認定こども園教育・保育要領には以下のように記されている。

幼稚園：「教育課程を中心に，（中略）教育課程に係る教育時間の終了後等に行う教育活動の計画，学校保健計画，学校安全計画などとを関連させ，一体的に教育活動が展開されるよう全体的な計画を作成するものとする」[3]。

　幼稚園における教育課程は，「幼稚園における教育期間の全体を見通したものであり，幼稚園の教育目標に向かい入園から修了までの期間において，どのような筋道をたどっていくかを明らかにした計画」[4] であり，指導計画を作成する際の骨格となるものである。

保育所：「保育の方針や目標に基づき，子どもの発達過程を踏まえて，保育の内容が組織的・計画的に構成され，保育所の生活の全体を通して，総合的に展開されるよう，全体的な計画を作成しなければならない」[5]。

幼保連携型認定こども園：「教育と保育を一体的に提供するため，創意工夫を生かし，園児の心身の発達と幼保連携型認定こども園，家庭及び地域の実態に即応した適切な教育及び保育の内容並びに子育ての支援等に関する全体的な計画を作成するものとする」[6]。

　全体的な計画や教育課程に示された教育理念や目標，目指す子ども像，入園から就学までの発達の道筋等を踏まえながら，指導計画を作成していく。

（2）　長期・短期の指導計画

　指導計画の作成にあたっては，環境構成や指導・援助を具体化していく中で，子ども自身が主体的に遊びを創り出していくことを位置付ける必要がある。

1）長期の指導計画

　長期の指導計画には，発達の節目を「期」でとらえた「期の指導計画（期案）」，もしくは「月」ごとに作成する「月の指導計画（月案）」がある。発達の

3）文部科学省『幼稚園教育要領』（第 1 章第 3 6），2018.

4）文部科学省『幼稚園教育要領解説』〔第 1 章 第 4 節 1 (2)〕，2018.

5）厚生労働省『保育所保育指針』〔第 1 章 3 (1) ア〕，2018.

6）内閣府等『幼保連携型認定こども園教育・保育要領』〔第 1 章第 2 1 (1)〕，2018.

見通しのもと，期や月のつながりもたせながらまとめたものが「年間指導計画」である。長期の指導計画は，全ての保育者が話し合って作成し，子どもの見方や教育内容を共通理解して，発達や学びの連続性を保障することが大切である。各園の教育目標を踏まえ，「幼児期の終わりまでに育ってほしい姿」を見通し，子どもの姿，ねらいと内容，環境構成，保育者の指導・援助，活動内容，行事，家庭や地域との連携等の項目について具体的に導き出していく。

２）短期の指導計画

短期の指導計画は，担任が「期や月の指導計画」を基に作成する「週の指導計画（週案）」や「一日の指導計画（日案）」等がある。子どもの興味や関心，遊びや生活への取り組み，友だち関係等，クラスの実態をとらえながら，ねらいや内容を明確にし，環境構成や指導・援助，週や一日の流れ等をより具体的にしながら作成する。子ども一人一人，環境への関わり方や遊びのイメージは異なり，また仲間と一緒に取り組む中で新たな考えも生まれる。子どもの主体性と保育者の意図をバランスよく絡み合わせ，子どもの実態に応じて環境を再構成し，指導・援助を工夫していく柔軟性が重要である。

（3）個別の指導計画・個別の（教育）支援計画

特別な配慮を要する子ども（障害のある子ども，外国につながりのある子ども等）については，本人や保護者の願い，ねらい，支援の方法等を盛り込み，「個別の指導計画」を作成し，保護者と共有しながら園全体で支援していくようにする。また，障害のある子どもについては，乳幼児期から学校卒業後までの長期的な視点に立って，一貫して的確な教育支援を行うために，家庭，医療機関，福祉等の関係諸機関と連携を図りながら「個別の（教育）支援計画」を作成する。

（4） カリキュラム・マネジメント

指導計画（Plan）を基に保育を実践（Do）し，子ども理解に基づいた評価（Check）を行い，改善（Action）するという循環をPDCAサイクルという。事例 6-2 では，指導計画に基づいて実践し，子ども理解を通して自己の指導・援助を評価し，改善策を考えて次の指導計画につなげている。PDCAサイクルは，日々の保育から，全体的な計画・教育課程まで，子ども理解を通して行うことが大切である。

また，園の教育・保育に関する保護者のアンケート調査や，地域協力者や学識経験者等による園評価から得られた意見を踏まえ，全体的な計画や教育課程に反映させながら園の教育の質の向上を図っていくことが重要である。このような一連の営みがカリキュラム・マネジメントである。全ての保育者の協力の

下，組織的・計画的に取り組み，共通理解していくようにする。

（5） 小学校教育との接続

　幼児期の教育と小学校教育は，発達に応じて，ねらいの考え方（教育の方向性，到達目標），指導方法（遊びを中心とした総合的な指導，教科による指導）等，それぞれに独自性がある。しかし，「育みたい資質・能力」（小学校以降の教育においては「育成すべき資質・能力」）の 3 つの柱は連続性・一貫性をもって構成されている。地域の園・小学校において，「幼児期の終わりまでに育ってほしい姿」（第 3 章，p.22〜）を共有しながら，「育みたい資質・能力」が連続して育まれていくよう，架け橋期のカリキュラムの策定が求められている。

（6） 社会に開かれた教育課程・こどもまんなか社会

　2017（平成29）年の学習指導要領等改訂の基本的な考え方のひとつとして，「子供たちが未来社会を切り拓くための資質・能力の一層確実な育成と，子供たちに求められる資質・能力とは何かを社会と共有し，連携する『社会に開かれた教育課程』の重視」[7] があげられている。少子化，情報化が加速度を増す中で，人との関わりや直接体験も一層減少していく。園の教育内容の発信やカリキュラム・マネジメントの充実により，家庭，地域に園の教育が共有され，保護者や地域の人々の理解，温かい見守りや協働が得られ，現代社会の課題となっている「こどもまんなか社会」の実現につながっていくことも期待される。

7) 文部科学省「幼稚園教育要領，小・中学校学習指導要領等の改訂のポイント」

■演習問題
課題1：子ども理解を深めるための保育記録の様式の具体例や，全体的な計画，長期・短期の指導計画について参考文献等で調べてみよう。
課題2：期案・月案から週案，週案から日案へと，ねらいと内容，環境構成，指導・援助はどのように具体化されているだろうか。長期と短期の指導計画のつながりを考えてみよう。
課題3：保育の観察記録をしたり，幼児教育のDVD等を利用したりして，どのように子ども理解をしたか，グループで話し合ってみよう。

参考文献
文部科学省「幼児理解に基づいた評価」2019.
文部科学省「幼児の思いをつなぐ指導計画の作成と保育の展開」2021.
文部科学省「指導と評価に生かす記録」2021.

第**7**章

ICTを活用した計画と教材研究

　保育におけるICT化は，業務の効率化だけではなく，指導計画や教材研究を行う上でも有効である。一方で，使い方によっては是非が問われる側面もある。本章では，ICTを活用した保育の指導計画とその実際について，実践事例と合わせてその活用方法について説明をしている。指導計画では，生成系AIを創発的に活用し，子どもの遊びの展開に関するアイデアを広げる方法とその留意点について提案している。さらに，実践事例ではタブレットとアプリを用いた粘土遊びをさらに展開させた遊びを紹介している。

1　ICTを活用した計画

（1）何のために保育をICT化するのか？

　ICTという言葉は誰もが聞いたことがあるだろう。一方で，その意味を正しく知っている人もまた少ないと思われる。ICTとはInformation and Communication Technologyの略語であり，日本語では情報コミュニケーション技術や情報通信技術を意味する言葉である[1]。簡単にいえば，通信技術を活用したコミュニケーションであり，日常でよく使われているもので言えばLINEやビデオ通話が当てはまる。

　近年は，保育業界でも保育業務の効率化や軽減化を目的にICT化が進んでいる。しかし，ICT化には業務の効率化・軽減化以外の可能性もある。そのヒントは介護業界のICT化にある。例えば，介護業界ではICTの活用によって，感覚や経験則であった介護技術や能力を"見える化"[2]し，新人介護福祉士でもベテラン介護福祉士の力が発揮できることを目指している。このようなICT化の背景には，あくまでも介護の主役は利用者の幸せにあり，介護福祉士がよい介護を利用者に提供するためである[2]。このような考えは，保育にも当てはまるだろう。子どものためのよい保育を行うためには，これからの時代はICTの活用が重要になることが予測される。ましてや，急速にAI（Artificial Intelligence: 人工知能）化（人間の仕事をAIに学習させ業務の一部を割り当てること）が進む社会においては，保育の計画をAIが立てる時代が来るかもしれない。しかし，ICTやAIはあくまでも道具にすぎない。これからの保育者（幼稚園教諭・保育士・保

1）文部科学省ＨＰ「用語解説」

2）舟田伸司「介護現場におけるロボット活用の現状と課題」（一般社団法人日本社会福祉マネジメント学会　第3回研究大会シンポジウム 配布資料），2022.

育教論をいう）はICTやAIを使いこなす頭の柔軟さと共に，どこまで人間が主導するかについても考えることが大切である。

（2）保育においてICTを活用する意義

3）文部科学省『幼稚園教育要領解説』（第1章 第1節）2018.

保育は幼児期の特性を踏まえながら環境を通して行うことが基本である[3]。したがって，保育者の子ども理解に基づく環境構成が重要である。一方で2019（平成31）年4月に始まった新しい教職課程においては「保育内容の指導法」に「情報機器及び教材の活用を含む」ことが教職課程コアカリキュラムに示されており，保育においても情報機器の活用に焦点があてられている。

4）文部科学省『幼稚園教育要領』〔第1章 第4節 3（6）〕2017.

幼稚園教育要領では「幼児期は直接的な体験が重要であることを踏まえ，視聴覚教材やコンピュータなど情報機器を活用する際には，幼稚園生活では得難い体験を補完するなど，子どもの体験との関連を考慮すること」[4]と示されており，ICTの活用を含めた環境構成の必要性が指摘されている。ただし，保育者は安易に情報機器を使用するのではなく，子どもの更なる意欲的な活動の展開につながるか，子どもの発達に適しているか，子どもにとって豊かな生活体験として位置付けられるか等を考慮しておく必要がある。

（3）ICTを活用した指導計画を考える

5）文部科学省「教育の情報化の関する手引 -追補版-」（第6章 第1節 2）2020.

＊1　ChatGPT：ChatGPTはアメリカのOpenAI社が開発したAI（人工知能）によるチャットサービスである。2023（令和5）年8月6日時点では，無料のOpenAIアカウントを作成すれば無料で使用可能である。なお，IOSやAndroidのスマートフォンでもChatGPTのアプリが使用可能である。ユーザー登録の仕方等はYoutubeやネット記事を参照。

文部科学省による「教師に求められるICT活用指導力等の向上」では，「A 教材研究・指導の準備・評価・校務などにICTを活用する能力」「B 授業にICTを活用して指導する能力」「C 児童生徒のICT活用を指導する能力」「D 情報活用の基盤となる知識や態度について指導する能力」が示されている[5]。ICTを活用した指導計画を考えることは，Aにあたる。その活用の一つとして生成系AIであるChatGPT[＊1]の使用が考えられる。

第6章でも述べられたように，保育の指導計画はねらいや内容を明確にして環境構成や指導・援助の流れを具体的にイメージするうえで不可欠である。しかし，新人保育者は経験が少ないため，1日の保育の展開の構想や援助が浮かばずに困ることがある。とはいえ，保育者としての経験を積まないと援助のバリエーションが浮かばないのも事実である。

まずは自分で指導計画を立ててみる。例えば，事例7-1を基に次の保育展開のねらいと保育援助を考えてみよう。そのうえで，指導計画に何か足りない点等はないだろうか。その点を考える際，ChatGPTの使用が役に立つ。

事例７−１　お家を作りたい

　４歳児クラス，Ａ児から「お家作りたいー！」との声が上がった。保育者がダンボールを用意し見守っていると，Ａ児，Ｂ児，Ｃ児はダンボールを切り，工夫しながら家を作った。しかし，ダンボールの強度が弱く，屋根が倒れていた。Ｄ児たちは「明日はちゃんと屋根つくる！」と張り切っていた。

　ChatGPTは言語モデルでありテキストに基づいて情報を提供するが，保育の指導計画を作成する際には次のような活用になる。① 質問や要望を具体的に入力する。ChatGPTに保育の指導計画に関する特定の質問をするか，必要な情報や指導方針について具体的な要望を伝える。例えば，「日案において，幼児の思考を促す方法は何ですか？」といった具体的な質問等である。② ChatGPTより基礎知識が提供される。ChatGPTには幅広い情報があるが，保育に特化した知識ももっているとされている。保育の基礎知識や指導方針についての情報をリクエストすることが可能である。③ ChatGPTよりアイデアや提案を取得する。ChatGPTは創造的なアイデアや提案を生成することができる。例えば，特定のテーマに沿った保育活動のアイデアを尋ねることができる。

　このようにChatGPTを活用して指導計画を作成することには，手軽さと迅速性，初心者にとって保育の基礎知識や指導方針に関する情報の入手しやすさ，アイデアの提供（保育活動やプロジェクトのアイデアを得ることで指導計画の多様性や充実度を向上）等のメリットがある。一方で，デメリットもある。１つは専門知識の限界である。ChatGPTは広範な情報源をもつが，保育の専門知識は限られている。２つは誤った情報提供の可能性である。ChatGPTは人工知能であり，情報の正確性が保証されているわけではない。誤った情報やアドバイスを提供する可能性があるため，常に慎重な判断が求められる。このように，ChatGPTはあくまでも一般的な情報提供ツールである。そのため，ChatGPTを用いて指導計画を作成する際には，ChatGPTで得られた情報を参考にしつつも，先輩保育者等からのアドバイスや実践に基づく知識を組み合わせていくことが不可欠である。大切なことは，保育を創造するのは保育者自身であり，それを忘れてはいけない。

（４）活用にあたっての留意点

　保育者がICTを活用するにあたり情報モラルに注意する必要がある。情報モラルには倫理的・規範的なものだけでなく，ルールやマナー，著作権や個人情報保護，更には情報セキュリティ等を含む広義の意味がある。保育現場は他の職種と比べて手書きの書類も多く，ICT化が進んでいない側面がある。だか

らこそ，ちょっとした不注意で大きな問題につながることがある。以下，保育現場で注意すべき点をあげる。

第1に，USBの取り扱いである。保育記録や要録等をWordやExcelで打ち込みUSBで持ち歩くことがあるだろう。しかし，そのUSBを紛失した時のことを考えているだろうか。もし，悪意ある者がその個人情報を流出させた場合，保育者がその責任を取ることになる。万が一のことを考えれば，各データにパスワードを設定しておく必要がある。

第2に，画像や映像データの取り扱いについてである。子どもの写真はどのように管理するのか。先ほどと同じように，紛失した場合は情報漏洩の責任を問われる。また，例えば個人のSNSに「かわいいから」という理由で無許可でアップロードした場合，それは肖像権の侵害になる。

このように，保育者のICTに対するリテラシーが適切でなければ，結果的に子どもや保護者，同僚を巻き込み多大な迷惑をかける可能性があり，責任に問われることもある。自分が用いたICTのデータをどのように扱うかについては細心の注意を払わないといけない。

2 ICTを活用した教材研究

（1）教材研究の考え方

保育者は教材の性質や特徴を把握し，子どもが主体的に遊ぶための魅力ある教材とは何か，その教材が子どもにとってどのような意味をもち，どのような学びにつながっているのか，子どもの姿を予想し，教材の多様な使い方・意味等を理解する必要がある[6]。そして，このように保育の目標（ねらい）を達成するために，教材の教育的価値やその妥当性を考えたり，媒体となる教材の使い方を構想したりすることを教材研究という[7]。教材研究で大切なことは，① 子どもの興味・関心，② 発達の段階，③ 育ち（これまでにしてきた経験）と④ 保育者のねらい（子どもに何を経験して/感じて欲しいか）である。この4点を踏まえながら，一例として日々の保育での遊び（室内の自由遊び）の展開例と教材研究の進め方を解説する。

子どもがイキイキと遊びながら学ぶには「楽しさ」が必要である。しかし，保育者が遊びをただ見守るだけでは，子どもたちは次第に飽きてしまう。子どもが楽しく遊ぶためには「遊びの展開」（遊びに新たな発想が入って広がること）が重要であり，保育者の教材研究が不可欠である。それでは，どのように「遊びの展開」をしていくのか。事例7-2を基に考えていく。

6）中坪史典, 他編『保育・幼児教育・子ども家庭福祉辞典』ミネルヴァ書房, 2021, pp. 196-197.

7）6）と同じ, p.197.

> **事例 7-2　「魚」への興味から，遊びが始まる**
>
> 　X組では遠足の経験から，子どもが「魚」に興味をもっていた。D児は水族館で見た「魚」を絵に描いていた。またE児は段ボールを切って魚を作り，水色のカーペットを水槽に見立てて，水族館ごっこを楽しんでいる。

　遊びを発展するためには，まずは保育者が「魚」から，どのような遊びが展開できるかを考えていく必要がある。その方法の1つとしてマインドマップがある。マインドマップとは，頭で思い描いたものを可視化して，情報整理やアイデアの発想を促す方法である。例えば，「魚」から連想される新しいキーワードをマインドマップに記入する。そして，どのキーワード同士が関係しているかを線でつなぐ。この作業を繰り返すことで「魚」を起点に，たくさんのキーワードが連想される（図7-1）。

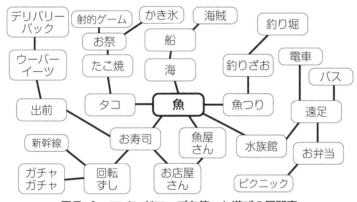

図7-1　マインドマップを使った遊びの展開案

　連想されたキーワードから，まず遊びの展開を考える。例えば，図7-2の教材研究の例を見て欲しい。
①「魚つりごっこができたら楽しそう」となれば，次に②「魚つりごっこに何が必要か」を考える。この時，「魚が釣りざおにくっつくことが面白い」と考えたとする。そうなると次は③「どうやって魚がつれるようにするか」を考える。この「魚がつれるようにするか」を考える際，準備物や素材を構想する。この例では，クリップで引っかけて釣るのか，マグネットをつけて釣るのかである。この時，子どもの発達段階によって使用する準備物や素材が異なってくる。次に，④ 釣りざおの降ろし方（準備の仕方）を考える。完成品を複数用意しておくのか，保育者が見本を作り遊んでいる姿を見せてから子どもが作るのか等，その降ろし方は多様に考えられる。大切なのは，子どもの年齢，子どものこれまでの経験（例えば，ハサミの経験があるか），子どもにしてほしい経験を考えて，総合的に判断することである。

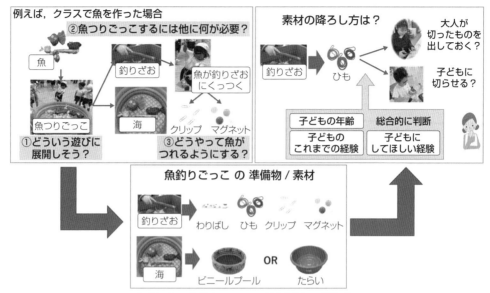

図7-2　魚釣りごっこの教材研究の考え方

（2）ICTを使用した教材研究

　　ここでは，日常的に展開した粘土遊びをICTを活用することで，クレイア
ニメ作りとそれに伴ったお話作りまで展開した事例を紹介する。これまで，粘
土遊びの発展パターンとしては，油粘土から土粘土，紙粘土へと素材が変わっ
たり，着色したりという展開がある。しかし，あくまでも作られた粘土のオブ
ジェは静物にすぎなかったが，タブレットとアプリの開発によって，コマ撮り
することが幼児でも簡単にできるようになった。

事例 7-3　粘土製作から動きのある物語へ

遊びの出発点！

　ディズニーリゾートが大好きな年長F児。家族とのディズニー旅行から帰ると仲のよい仲間た
ちと粘土でディズニーリゾートを作りたい！と粘土製作に取り組む。

　F児「こっち半分はランド！　そっち半分はシーね！」

写真7-1　ディズニーリゾートを粘土で作る

写真7-2　人型の大きさを変える

G児「俺さぁ，ディズニーで迷子なったことあるよ！　ここを歩いていて・・・あれ？　パパ
　　とママいない！って焦ったんだぁ〜」

H児（粘土で人型をつくり）「こんな感じ？？」

作った人型を粘土で作ったパーク内で歩かせてそれぞれの思い出を振り返ったり，ストーリー
を作って楽しむ様子が見られる。

H児「あぁ〜この人形が本当に動けば面白いのに！」

「桃太郎」が大きくなるよ！

保育者は，園のICT用に購入したタブレットにコマ動画が撮影できるアプリをインストールし，
作った人型を動かしてコマ撮影をすることで，あたかも人型が動いているように見える動画を子
どもたちに使い方と共に紹介してみる。

H児「人間が大きくなるやつ作るとどんどん大人になるってことだよね？」

Ｉ児（桃太郎の絵本を探し出し）「これよくない？　どんどん大きくなるやつ！！」

絵本のストーリーに合わせて粘土製作を進めていく。

H児「ディズニーの時は一つの人型でやったけど，大人になるから少しずつ大きさ変えて作っ
　　ていかないと！」

オリジナルストーリーに挑戦！「恐竜が大きくなるよ」

H児「俺さぁ〜桃太郎みたいに恐竜が大きくなっていくやつ作ってみようかな？　卵から生ま
　　れて赤ちゃんがすげぇでっかい恐竜になるやつ」

Ｉ児「じゃあさ！　恐竜の世界も作ろうよ！」（ふたりで恐竜図鑑を探し出す）

壁面に火山をセレクト。木も作って立てたい！　と画用紙にて背景を製作して，そして完成！
すぐに撮影開始！　恐竜が成長するのが速すぎる…。１コマ１カットで撮影をしてみるが，完
成した動画は超高速。ストーリーが全く追いつかない。

Ｉ児「これじゃあ 見てる人何してるかわからないよ。どうすればゆっくりになるんだろう？」

H児「１回撮ると１回動くから，止まったままのやつ，いっぱい撮ればいいのかも！」

写真7-3　恐竜の世界を作る　　　　　　　写真7-4　再度，撮影開始

　何度か実験を繰り返し，1コマに3〜5カットぐらいだとストーリーが伝わることがわかり，1コマに対して3カットで再度撮影を開始した。
　H児「1まい，2まい・・・！」
　前の写真を元に次のサイズの恐竜をセットして撮影した。
　H児・I児（動画を確認して）「おお！！！　ちゃんとでっかくなった！」

　タブレットを使ってクレイアニメを作る子どもの遊びの事例である。
　はじめは，家族で行ったディズニーランドの経験を粘土を使って再現しようとする子どもたち。自分とお父さん，お母さんの人形を粘土で作ったが，この人形が動いてくれるとよいな，という思いから出発した遊びである。その思いを聞いた保育者がタブレットにコマ撮りをして動画を作るアプリの存在を思い出し，アプリの情報を子どもたちに行った。このアプリを使って，幼児が自分が粘土で作った人形や恐竜を動かすことに夢中になっていった。

3 活用にあたっての留意点

　ICTやAIから様々なアイデアを得たとしても，そのアイデアが目の前の子どもの姿（興味・関心，発達，育ち）にふさわしいかどうかはわからない。保育をするのは保育者であり，そのためには日々の子ども理解が不可欠である。ICTやAIの活用を頭ごなしに否定するのではなく，子どもにとって意味のある経験ができるのであれば，保育者はICTを活用して保育を構想した方がよい。ICTを活用した指導計画の立て方や教材研究の方法を紹介してきたが，最終的には保育者が判断することが大切である。

■演習課題
課題1：ICT化やAI化によって「便利になったらよいこと」と「その便利さによってできなくなる経験」を考えてみよう。
課題2：事例7-1をもとに次の保育展開のねらいと保育援助を考えてみよう。
課題3：課題7-2の後に，同じ事例でChatGPTを活用して指導計画を作成してみよう。過去に自分で作成した指導計画を使い，他にどのような援助が考えられるかをChatGPTに尋ねてみてもよい。

実践編

　実践編では，事例や写真等を通じて，保育環境がもつ意味やその効果について説明していく。さらに下のQRコードにアクセスすることによって，実際の保育室や園庭の環境を360度カメラの映像で確認することができる。将来，自分が保育者になったときに，ここで見た環境をまた見て欲しい。きっと，今，見ている光景とは異なる意味を感じ取ることができるだろう。

実践編1

1-1　バーチャルこども園を通して保育内容を学ぶ

1．バーチャルこども園とは何だろう

　理論編では，保育内容について，それぞれの章で実践とその理論的な背景が示されてきた。そこで，実践編では，就学前施設（幼稚園・保育所・認定こども園をいう）の登園から降園までの流れに沿いながら，乳幼児が園の中で活動を進める日々の姿を細かに説明をする。特に，子どもたちが活動する環境の在り様に焦点を当てて，映像データを見て確認しながら，より実際的な知を身につけることを目指す。

　幼稚園教育要領の改訂〔2017（平成29）年〕において「第1章　総則の改訂のポイント」として，5つのポイントが示されているが，その第1に「環境を通して行う教育を基本とすることは変わらない」[1] と示されているように，幼児教育・保育において「環境」を整えることは非常に重要で，基本的な事項である。また幼稚園教育要領解説では，さらにその意義について「幼児が生活を通して身近なあらゆる環境からの刺激を受け止め，自分から興味をもって環境に主体的に関わりながら，様々な活動を展開し，充実感や満足感を味わうという体験を重ねていくことが重視されなければならない」[2] と述べられている。生活する中で幼児に刺激を与え，興味をもって活動を取り組めるような環境を保育者（幼稚園教諭・保育士・保育教諭をいう）は日々の生活の中で培った幼児理解をもとに整えていくことが求められているのである。

　しかし，幼児に刺激を与える環境とはどのような環境なのだろうか。保育室や園庭，テラス，遊戯室，廊下等，就学前施設には多様な空間がある。それらの空間には，それぞれにその役割が意味づけられており，園ごとによってその役割は異なり，多様性をもつ。実践編で説明する園の事例や環境の映像データは，あくまでも多様な環境の一つのサンプルであることを念頭においた上で，これらのサンプルをもとに自分が保育者になったときにどのような環境を構成するかイメージをつくりながら，実践編を読んで欲しい。

2．視点1：子どもたちの一日をデザインする視点

　日本では，同じ保育室で朝のお迎えからサークルタイム，遊び，昼食や午睡，そしてまた遊びの時間等を行う。そのため，時間が経過するにしたがって，保育室の環境をその都度，時間に応じて変えていく必要がある。ゆえに，保育室は，遊びのためだけに特化した環境構成をすることはできない。さらには，時間に応じて子どもたちや保育者が自分たちで環境を再構成しやすいような可塑性が求められる。朝，保護者に送られて園にやってきた子どもたちがはじめて挨拶をして，話し合

いをする場はサークルタイムと呼ばれる。園によっては，クラスごとに集まったり，登園した順に
遊びを展開していく中で，遊びのグループごとに集まったりする等，多様なサークルタイムの仕方
がある。実践編で紹介している保育室の環境については，それぞれのシーンの内容を読みつつ，時
間軸に沿ってどのような環境に再構成しいくのか，そのプロセスも意識して再構成していく。

3．視点2：全体を俯瞰した戦略的な視点

　より実際的な知を身につけるために，実践編では，日常的に保育室で広げられる遊びの事例や写
真を基に学びを深めていく。特に，実践編では保育室でよく行われる遊びとして，おままごとやお
店屋さん等のごっこ遊び，廃材を使った工作遊び，多様な素材を使った楽器づくり等を伴った音楽
遊び，構成して遊ぶ積み木遊び等の事例を紹介する。それぞれの遊びの環境を構成するときのコツ
や援助のポイントについて事例を基に，その事例に込められた保育者の暗黙的な知恵を学ぶ。

　しかし，実践編で紹介する遊びの環境を断片的にとらえてはいけない。年中児や年長児のクラス
を担任すると，同時に20～30名の幼児が自発的，主体性をもって遊ぶことができる環境を準備す
る必要がある。子どもたちが自発的に遊びを展開できる環境がないと，常に保育者の周りに何をし
てよいのか分からない子どもたちが溢れ，その対応だけで1日が過ぎてしまう。保育者もそのよ
うな日々が続くと疲弊し，働き甲斐を失ってしまう可能性がある。しかし，子ども一人一人のため
に20～30か所も遊びの環境を準備する必要はない。3歳ぐらいから，子どもたちは自ら友だちと
関わって遊ぶことができるようになり，むしろ一緒に関わって遊ぶことを好み，子ども同士の関わ
り合う経験が心身の発達にもよい効果を与える。

　同じような遊びを好む子どもを4〜5名程度を一つのグループにして，それぞれのグループの
子どもたちが自分たちで遊びができるように，保育者が環境構成することが重要になる。例えば，
24名のクラスであれば，5〜6の遊びの環境を整えることが求められる。保育室には3つの遊び
の環境，テラスには1つ，園庭には2つ等と，どの子どもがどこに行って遊ぶのか，日常の保育
の中で培った子どもへの理解をベースにして，園全体を俯瞰した視点で，戦略的に環境を構成する
視点が必要となる。是非，実践編ではこの2つの視点を念頭において学んで欲しい。

引用文献
1）文部科学省「新幼稚園教育要領のポイント」（第1章 総則の改訂について）．
2）文部科学省『幼稚園教育要領解説』〔第1章 第1節 2 (1)〕2018．

2-1　サークルタイム

▌事例　遊びの話し合い〜サッカーごっこのチーム決め（5歳児・11月）

　「今日もサッカーしよう！　やりたい人集まってー！」と周りに声を掛けるA児。いつものように7〜8人が輪を作り座り込んだ（写真2-1-1）。「今日のチームはどうする？　何で決める？」と，みんなに相談を持ち掛けるB児。「グーとパーがいい！」「うーらおもて！」「好きな人同士がいい！」等と言いながら，昨日同様，チーム決めの話し合いが始まった。その様子を見ていると，いつもは中心にいるC児が話し合いには入らず，輪の外で不満そうな表情を浮かべて1人座っていた。普段は見せないC児の様子に心配した保育者は「C君，何か困ったことある？　今日はサッカーしないの？」と声を掛けた。「だって…。だって…」を繰り返すC児。言いたくても言い出せないC児の心情を察し，保育者が一緒にチーム決めの輪に入り，C児の様子を見守った。「どうしたのC君，サッカーやりたくないの？」と声を掛けるA児。「昨日，シュート決めて喜んでいたじゃん！」と昨日の場面を思い出すB児などなど…。しばらく友だちの話を聞いていたC児が，「僕は，サッカーが好きだけど負けるのが嫌なんだ。昨日負けた時，とても悔しかったんだ！」と正直な自分の気持ちを打ち明けた。さらに「だから昨日と同じチームになったらまた負けるかもしれないんだ」と，言葉を続けた。黙って話を聞いていたD児が「そんなのさぁ，やってみないとわかんないよ！　メンバーによって強い弱いはあるかもしれないけどさぁ，作戦を考えれば大丈夫だよ。ねぇ，A君」と話した。それに応えるようにA児も「そうだね！　シュートする人，ゴールを守る人，パスする人とかをチームで決めたりするといいかもね」と続いた。周りの話を聞いているうちにC児の表情も緩み，周りの意見にうなずきながら楽しそうに折り合いを付けて相談していた。その後，“うーらおもて”でチームに分かれ，相手に聞かれない距離を取りながら，円陣を組んで作戦会議が繰り広げられた（写真2-1-2）。

写真2-1-1　遊戯室でのサークルタイム

写真2-1-2　園庭での作戦

1．解　　説

1）友だちの気持ちに思いを寄せて

　ワールドカップの影響を受けて，園庭ではサッカー遊びが盛んに行われるようになった。A児やB児が中心となってチーム分けやルールを決め，ワールドカップごっこと称したサッカー遊びを楽しんでいた。C児もその様子に関心を寄せ，コートの近くでひとりボールを蹴って遊ぶ姿がよく見られた。そんなC児の様子を見てA児やD児が「C君，一緒に遊ぼう」と声を掛け，C児も喜んで仲間に入った。遊びが深まるにつれてC児の様子が変わっていった。友だちのようにボールを蹴ることができないもどかしさやゲームに負ける悔しさ等を自分の中で消化できず，感情的な言動が見られたこともあった。ゲームの途中でも「やめるね」とその場から抜けたり，「まぜて」と戻った

りしながら遊びの出入りを繰り返していた。不安定な姿も見られたが，本気でボールを追い掛けたり，試合に勝利すると友だちと抱き合って喜んだりもするので，集団遊びのルールや連帯感を感じ始めていることがC児の姿から読み取れた。

写真2-1-3　ゲーム中の相談タイム

　C児の様子が少し気掛かりになってきたA児やB児。純粋にサッカーを楽しみたいD児。上手く関われないもどかしさに気付いてほしいC児。保育者は，遊びが盛り上がってきたからこそ起こりうるこの状況が，関わりを深めるよい機会ととらえた。そしてそれぞれの思いを打ち明けて折り合いを付けることができるようにサークルタイムを活用し，話し合いの場を設定した。サッカーをやりたいメンバーが集まり，輪になって座った。サッカーに対する思いや今日はどのように進めていくか等，A児，B児が中心となってサークルタイムが始まった。友だちの話を順番に聞いていたC児。自分の話にみんなが耳を傾けてくれることに安心し，サッカー遊びに対する胸の内を全て打ち明けた。「だったら○○したら」「そうだよね」等と共感してくれる仲間の言葉に，友だちの存在を改めて実感したC児であった。サークルタイムを通して仲間とのつながりをより感じられるようになったことで，C児の気持ちも安定し，遊びのイメージを共有しながら友だちとの関わり合いがより楽しめるようになった。

2）充実した1日を過ごすために

　朝のサークルタイムは，友だちの存在を認め合える大切な時間である。「昨日さぁ，○○だったよね」「今日はどうする？」等と，様々な気付きや思いを伝え合うことによって，遊びの見通しがもてるようになり，この事例においては，"作戦会議"という新たな展開を導き出している。子どもたちの自主的なこの活動は，主体的な遊びの形態を築く土台や協同的な学びへとつながり，自己肯定感を高めながら充実した遊びの時間を過ごすことができるのではないだろうか。

2．領域のねらいと内容との関わり

　本事例は主に領域「人間関係」のねらいに即した事例である。領域「人間関係」では「他の人々と親しみ，支え合って生活するために，自立心を育て，人と関わる力を養う」[1]ことを目指す。また，「身近な人と親しみ，関わりを深め，工夫したり，協力したりして一緒に活動する楽しさを味わい，愛情や信頼感をもつ」[1]ことを「ねらい」としている。その「内容」として，主に「（5）友達と積極的に関わりながら喜びや悲しみを共感し合う」[1]「（6）自分の思ったことを相手に伝え，相手の思っていることに気付く」[1]「（10）友達との関わりを深め，思いやりをもつ」[1]ことが示されている。

　本事例では，保育者がこれまでのC児の遊びの様子を見取りながら，C児とその周囲の子どもたちとの関係性を深めていくきっかけとしてサークルタイムを活用し，話し合いの場面を設定した。C児は自分の思ったことを周りの友だちに伝えることができ，また，信頼感をもつ中で相手の思っていることにも気付き，思いやりをもって接することができたのではないだろうか。

　サークルタイムとは，文字通り保育者と子どもたちが円（＝サークル）になって座り，対話することである。活動は様々であり，それは時間帯によっても異なる。サークルになることで，保育者と子どもたち一人一人が横のつながりで，誰が主導になるということなく自由に話ができる。保育者はその場のコーディネーターとなって，子ども同士の対話を促したり，見守ったりしながら，主体的な活動としての遊びを尊重していく。今回の事例でも，保育者は，A児やB児の「ワールドカップごっこ」への主体的な取り組みを大切にし，そこで起きている課題を子ども同士の対話によって解決させる場として，サークルタイムを位置付けている。子どもたちにとってはその課題を解決することが，大きな自信や達成感となり，次の活動へと発展させることができるのである。

3．ICTの活用

　朝のサークルタイムは「前日までの遊びを振り返る」「今日の遊びを選ぶ」「今日の遊びの作戦を考える」等といった目的で行われる。そして子どもの主体性を尊重する保育として有効であることを前述したが，その際にもICTを効果的に活用することができる。その例を紹介する。前日の帰りに学級ごとにリフレクション（振り返り）を行った。そこで，砂遊びをしている子どもから話があった。それは，「砂場で自分より高い塔を作りたいと思って頑張っているが，人数が足りなくもっと手伝いがほしい」というものであった。たくさんの人数が必要なことから明日，学年全員で行うサークルタイムで相談しようということになった。朝のサークルタイムでは，学年全体の子どもたちが集まって話し合いが始まった。前日までの遊びについて，タブレットで撮影した写真を

写真2-1-4　タブレットと電子黒板による紹介

電子黒板に映しながら紹介を行った。その中で，昨日，話題になっていた砂遊びのことについて，これまでにできた写真を映しながら説明をしていた（写真2-1-4）。話を聞いた子どもたちの中で「おもしろそう！」「ええ？できるの？」「私も手伝いたい！」等といった声があがり，結果としてその日の砂遊びでたくさんの手伝いを得ることができた。ICTを活用することで，実際に活動している様子を写真で見ることができる。そして，遊びの内容を知らなかった子どもが理解をしたり，実際に「楽しそう」「手伝いたい」と感じたりするきっかけになったのではないだろうか。

4．小学校への接続の視点から

　小学校学習指導要領には「幼児期の終わりまでに育ってほしい姿を踏まえた指導を工夫することにより，幼稚園教育要領等に基づく幼児期の教育を通して育まれた資質・能力を踏まえて教育活動を実施し，児童が主体的に自己を発揮しながら学びに向かうことが可能となるようにすること。（中略）小学校入学当初においては，幼児期において自発的な活動としての遊びを通して育まれてきたことが，各教科等における学習に円滑に接続されるよう，生活科を中心に，合科的・関連的な指導や弾力的な時間割の設定など，指導の工夫や指導計画の作成を行うこと」[2]と記されており，スタートカリキュラムを編成することとしている。このスタートカリキュラムは，幼児期の遊びで得た「学びの芽生え」を基礎として，主体的に自己を発揮し，新しい学校生活を創り出していくためのカリキュラムである。「学びの芽生え」とは，自分の好きなことに夢中になって取り組み，試したり，工夫したり，協力したりする姿である。これが小学校教育の土台となり，教科学習等で意欲的に学ぶ姿勢となる「自覚的な学び」につながっていく。この「学びの芽生え」を促す援助として有効なのが，サークルタイムにおける「言葉による伝え合い」である。子どもは多様な経験としての遊びの中で思ったことや考えたこと，仲間同士の人間関係の中で感じていること等を伝え合うことで，相手の思いを感じ，相手のよさを認め，思いやりの気持ちをもって相手と接し，時には譲ったり，時には主張したりしながら，遊びを発展させることができる。保育者は「学びの芽生え」を促すことを意識しながら保育にあたることが求められる。

引用文献

1）文部科学省『幼稚園教育要領』（第2章 人間関係），2017.
　＊『保育所保育指針』〔第2章 3（2）イ〕，『幼保連携型認定こども園教育・保育要領』（第2章 第3 ねらい及び内容 人間関係）にも同様の記載がある。
2）文部科学省『小学校学習指導要領』（第1章 第2 4），2017.

参考文献

保木井啓史「保育施設におけるサークルタイムに関する海外の研究動向」幼年教育研究年報，第39巻，2017，pp.43-52.
飯島典子・小森谷一朗「情報活用能力の基礎を育成する幼児教育の試み」宮城教育大学教職大学院紀要，第2号，2020.

実践編2　朝のサークルタイムから室内遊び その1

2-2　おままごと

┃ 事例　2歳児クラスでのおままごとの展開（2歳児・2月）

　2歳児クラスの保育室がいくつかのコーナーに分かれて構成されている中で，おままごとが展開している（写真2-2-1）。A児，B児，C児の3人が仕切りで囲われたおままごとコーナーに集まっている。A児，B児，C児の3人は向き合って，それぞれ人型の人形を手にし，服を着せる等している。保育者は隣にある別のおままごとコーナーから3人の様子を見守りながら，人形が1つずつ入る大きさのケースを準備していた。3人は保育者がいるコーナーに移動していき，A児とC児は1人1つずつケースの前に立ち，人形の洋服を脱がし，ケースに入れていく。A児は「おふろに入ったらクリームを塗ってもらうんだよ」と保育者に話している。A児の左手には小さなタオル，右手には色水が入った小さなペットボトルを持ち，それを洗剤に見立てて，ケースに入った人形をゴシゴシこすっていた。その姿を見ていた保育者は「おふろのお湯持ってきたよ」と言いながら水色の色画用紙を持ってきて，A児に手渡した。保育者は色画用紙をケースの大きさに合わせてちぎり，手でくしゃくしゃにしケースに入れていく。しばらくその様子を眺めた後，A児とC児が同じようにケースに入った人形の上に色画用紙をかぶせるように入れていく（写真2-2-2）。B児は少し離れた場所からその様子を見ている。そこでA児は隣でケースに人形を入れているC児の人形が服を着たままであることに気付いた。A児が「お洋服で（おふろに）いれないよ」とC児に話し掛けると，

写真2-2-1　おままごとの展開

写真2-2-2　色画用紙を入れていく

C児は人形の服を脱がしていった。C児はA児に背を向けるように床に座り服を脱がしていると，B児はC児がいた場所に移動し，A児と隣り合って色画用紙をケースに入れ始める。次にA児はスポンジを手に取り，石鹸に見立てて人形をこすり始める。しばらくスポンジで人形の体を洗った後，スポンジと洗剤に見立てたペットボトルを持ったままおままごとコーナーをうろうろし始めた。保育者はB児とC児と一緒に床に座り，ケースに色画用紙を入れている。

　そこへD児が様子を見に来た。するとA児はD児に対し，「赤ちゃんのご飯作って」と話し掛けた。するとD児は隣のおままごとコーナーに保育者と共に移動し，エプロンを付けE児と一緒にお手製のキッチン台に立ち料理をし始めた（写真2-2-3）。保育者はD児とE児のイメージを隣で聞きながら料理をしている様子を見守っていた。2人はフライパンを3つキッチン台に出し，布製の食材を入れていく。D児は木製の包丁を手に布製の食材を切るようなまねをしていた。D児やE児が保育者と話している様子を聞いていると，イメージとしてはカレーを作っているようであった。料理が出来上がると，隣のおままごとコーナーの円卓の上にお皿を並べ，料理をした食材を保育者と一緒にE児が並べ始めた。その後は保育者とA児，C児，E児の4人が円卓で食事をし，D児がキッチン台で料理をし続けていた。

写真2-2-3　料理の開始

1．解　　説

1）現実世界での出来事を再現する

　A児は事例の中で，様々なイメージを展開している様子が見られる。まず始めに人形をおふろに入れるイメージをしている場面が見られた。その中で「おふろに入ったらクリームを塗ってもらうんだよ」という発言があった。これはA児自身がおふろに入る際に経験していることがおままごとの中で想起され，そのことが発言として出てきたと考える。その後，タオルでお人形を洗っている場面でも洗剤を付けながら洗っている姿やスポンジを石鹸に見立てて洗っている姿等も，A児が現実世界の中で経験したことを人形に対して再現していると考えられる。これは神谷がレオンチェフの研究を基に幼稚園期の遊びについて，「現実の再現」であり，「幼児が創造する虚構場面はファンタジックではなく現実模倣的なのであり，幼児が遊びを積み重ね，発達するにつれて，その虚構場面もファンタジックになってゆく」[1]とされている姿であると解釈できる。A児のように日常で経験したことをおままごとの中で再現（現実模倣）し，その後自身のイメージする世界を展開（ファンタジックに）していくことで，遊びが広がっていく。

2）日常の再現を支える物的環境

　前述したように，2歳児が日常の再現をしていく際に物的環境が大きく影響を与えている様子が見られた。写真2-2-3に写っているキッチン台は保育者が自作したものである。土台はカラーボックスとなっており，背面には園芸用のラティス（格子状の木製フェンス）が使用されている。上部にはコンロ台のイラストが貼られており，料理をすることがより再現されるような環境となって

いる。また使用されている調理用具についても，実際の鍋やフライパンが用意されていることによって，実際の調理場面を模倣しやすい環境構成であった。写真2-2-4・2-2-5に見られるように，模倣の中で包丁や箸等の道具の扱い方を習得し，また日常に還っていく姿を見ることができる。このようにおままごとの経験が，日常生活における基本的動作を獲得することにもつながっていく。

写真2-2-4　自作のキッチン台で料理をするE児

写真2-2-5　円卓で箸を使うE児

2．領域のねらいと内容との関わり

　本事例の子どもの姿を主に領域「環境」の側面からとらえてみたい。「環境」においては「周囲の様々な環境に好奇心や探究心をもって関わり，それらを生活に取り入れていこうとする力を養う」[2]ことが目指されており，「ねらい」「① 身近な環境に親しみ，触れ合う中で，様々なものに興味や関心をもつ」[2]こと，その「内容」には「⑥ 近隣の生活や季節の行事などに興味や関心をもつ」[2]ことが明示されている。その中でおままごとについては「身近な生活のいろいろな場面における物事や人の行動を真似て，子どもが自らの知識として取り入れ，身に付けることができるようになりつつあることの現れである」[2]と解説されている。こうした「ねらい」や「内容」を総合的に達成できるように，保育者は環境を保障し，十分に子どもたちがおままごとの世界に浸ることができるようにすることが大切である。この視点で事例を見てみると，本事例においては，子ども自身が日常の再現からイメージを広げられる環境が十分に保障されていたといえる。

3．おままごとをさらに展開させる保育者の働き掛けとICTの活用

1）事例の続きにみる保育者の援助

　本事例は，この後コーナーをまたいで展開を見せていく。近くの折り紙コーナーで作られていた

ものがおままごとコーナーに運ばれてくることによって，さらにおままごとの中での食べ物の見立てへと展開を見せたのである（写真2-2-6）。この時に持ち込まれた素材たちは円卓に並べられ，食卓に彩りを添える形となっていた（写真2-2-7）。このように元々は別々の場所で展開していた遊びがおままごとコーナーに新たな環境として持ち込まれることによって，さらに子どもたちのイメージの世界が広がっていくことにつながる。ここで大切になってくるのは保育者同士の連携である。この場面でもおままごとコーナーで子どもたちと関わっている保育者と，折り紙コーナーで関わっている保育者同士が連携を取ることで，2つのコーナーの遊びが融合され，さらに遊びを発展させるきっかけとして影響を与えている様子がうかがえた。もちろん遊び自体を展開させていくのは子どもの主体性によるものであるが，その時々に保育者の働き掛けがあることによってさらに遊びを展開させていくことができる。

写真2-2-6　2つのコーナーの
子どものやり取り（左上）

写真2-2-7　円卓に並ぶ折り
紙の素材（左下）

2）保育の記録としてのICT

　遊びを支える一つとして，保育者による遊びの記録がある。この記録は様々な形態で活用されるが，本事例ではタブレットの活用が見られた（写真2-2-8）。これは子どもの遊びの軌跡を残す上で非常に大切な方法である。本事例のような遊びを支えていく上で遊びのプロセスを理解することは重要である。特に写真や映像を用いて記録することによって，その様子を鮮明に記録することが可能となる。この際タブレットを使用する等，ICTを活用することは有効である。

写真2-2-8　タブレットを
用いて記録する保育者

引用文献

1）ヴィゴツキー，L. E.他，神谷栄司訳『ごっこ遊びの世界－虚構場面の創造と乳幼児の発達』法政出版，1995，p.257.
2）厚生労働省『保育所保育指針解説』〔第2章2（2）ウ〕，2018.

実践編2　朝のサークルタイムから室内遊び その1

2-3　ごっこ遊び

　ごっこ遊びとは，「複数の子どもが参加して，各々が役割を分担し，役割にふさわしい『ふり』の行為を演じつつ，一定のテーマを織り成していく遊び」[1]である。言葉の理解が進み，何かを何かに見立てる機能（象徴機能）が発達すると，生活や遊びの中で経験したことを，保育者と一緒にごっこ遊びで再現して楽しむようになる。さらに発達するにつれ，乗り物ごっこ，探検ごっこ，お医者さんごっこといったストーリー性のあるごっこ遊びへと発展していく。

■ 事例　クラスのみんなでお店屋さんをやろう（5歳児・10月〜11月）

10月27日　保護者によるお楽しみ会が行われた。子どもはくじ引き屋さんでくじを引き，「本物のお店みたい」「かわいい」と受け取った景品を大切にカバンにしまった。

11月5日　週末に地域の祭りが行われ，それに家族と一緒に参加したA児は，登園するなり「お祭りでダーツをやったんだよ」と話し始め，B児も「私はお姉ちゃんと山車を引いた」と話を続けた。保育者も「先生も行ったよ，屋台がたくさんあったね」と話に加わった。A児や周りの子どもから「お祭りみたいにお店屋さんをやりたい」と声があがると，保育者は「みんなでやろうか」と応じた。

11月7日　クラス全体でお店屋さんをすることになり，やりたいお店を出し合った（写真2-3-1）。綿あめ，ケーキ，ゲーム…と出された意見を保育者はホワイトボードに記し，「綿あめとケーキは一緒にお菓子屋さんができそうだね」と意見を整理した。グループができ始めると，洋服屋を希望したC児は「一人だ」と不安そうにした。保育者が「そうだね，一人で洋服を作るのは大変だ」と応じると，ペットショップのD児が「じゃあ，ペットの洋服を作ってよ」と提案した。その提案を受けてC児がペットショップに入ると，アクセサリーを作りたいE児もペットショップに入り，ペットの首輪を作ることになった。

11月22日　お店屋さんのグループが決まると，毎日，少しずつ，グループごとに品物，値札，看板を作って準備を進め，ついにお店屋さんを開店した。お客さんとして招待された4歳児にペットショップのE児は「このワンちゃん，洋服を着て首輪も付けています」と声を掛け，お菓子屋さんのF児は「いらっしゃいませ，これは全部100円です」と並べられたお菓子を指さした。4歳児が立ち止まって真剣に商品を見比べ，ドングリで飾り付けられたケーキを選び，紙で作った100円玉を差し出すと，F児は「ありがとうございました」とうれしそうに受け取り，ケーキを手渡した。祭りでダーツを経験したA児は的当て屋さん

になり，お客さんの投げたボールが的に当たると「3点!」と言ってベルを鳴らし，景品係のG児に「3点が出たよ，景品を渡して」と声を掛けた（写真2-3-2）。

写真2-3-1　何屋さんにしようかな

写真2-3-2　的をねらって

1．解　説

1）子どもの興味や関心，育ちをとらえて

　保育者は，子どもが地域の祭りを経験した時期にお店屋さんごっこに対する興味や関心が最も高まると考え，この時期にクラス全体でお店屋さんごっこをすることを想定した指導計画を作成し，そのための教材研究を進めていた。子どもはこれまでにレストランごっこや宇宙船ごっこ等の様々なごっこ遊びを経験し，気の合う仲間と役割を分担し，イメージを共有しながら遊びを進める楽しさを味わってきた。そして事例中の保護者によるお楽しみ会では本物の商品を取り扱うお店屋さんに憧れの気持ちをもち，お店屋さんごっこに対する興味や関心は祭りのお店で買い物を経験することでより一層高まっていた。

　また保育者は，仲間意識が高まっている子どもの育ちをとらえて，この週の指導計画のねらいを「友だちと一緒に思いやイメージを伝え合いながら，目的に向かって遊びを進めようとする」としていた。この育ちは，運動会に向けた活動においてリレーの作戦会議をする等，クラス全体で話し合う経験の積み重ねによるものであった。保育者は，これまでの園での活動内容や地域社会での生活経験から子どもの興味や関心を丁寧に読み取り，経験の積み重ねによる子どもの育ちを考慮して，この時期にクラス全体でお店屋さんごっこをする保育を展開した。

2）共通の目的の実現に向けて

　お店屋さんのグループ決めや準備において，お店屋さんの開店がクラス全体の共通の目的となり，活動の進み具合を共通理解できるよう，事例中の写真2-3-1のように保育者はホワイトボードに子どもから出てきた意見を記していた。その記録を見ながら，子どもは自分の思いや考えを伝え合い，グループでやりたいことを決めていった。活動を進める中で，仲間の行動を把握していなかったり，イメージや思いが食い違ったりしていざこざになることがあ

写真2-3-3　どうすればいいかな

った（写真2-3-3）。いざこざ等の葛藤体験は人間関係が深まるよい機会となることから，保育者はその場の状況や個々のイメージや思いを尋ねて確認しつつ，必要に応じて助言を加え，保育者主導でなく，子ども同士で課題を解決しながら活動を進められるよう援助する[2]。

3）異年齢交流の機会として

開店したお店屋さんに4歳児はお客さんとして招かれていた。5歳児は自信をもって店員役を演じることで4歳児をもてなす喜びを感じ，4歳児はそのような5歳児の姿に憧れの気持ちをもっていた（写真2-3-4）。4歳児の担任保育者は，5歳児に対する憧れの気持ちから4歳児がお店屋さんごっこをやりたいと思うのではないかと考え，翌日から4歳児クラスでもお店屋さんごっこを始められるよう準備を進めていた。異年齢交流ならではの心情や態度が養われるよう，活動のねらいと内容を明確にして，各学年の担任保育者同士で連携を取り合い援助のあり方を検討することが重要になる。

写真2-3-4　これください

2．領域のねらいと内容との関わり

ここでは3歳以上児によるごっこ遊びに対する理解を深めるために，幼保連携型認定こども園教育・保育要領の満3歳以上の園児のねらい及び内容との関わりを示す。

ごっこ遊びでは参加者同士で各々の役割やイメージを共通理解する必要があるため，「私は○○役」「今度は○○ということにしよう」と役割やイメージを言葉で伝え合ったり，役割に応じたふりを演じたりする。このような様子からは領域「言葉」の内容の「（3）したいこと，してほしいことを言葉で表現したり，分からないことを尋ねたりする」[3]や領域「表現」の内容の「（8）自分のイメージを動きや言葉などで表現したり，演じて遊んだりするなどの楽しさを味わう」[3]にあるような子どもの姿をとらえることができる。そしてごっこ遊びを始めるという共通の目的に向かって，ごっこ遊びに必要な場や道具を作ったり，役割分担を相談したりする等，仲間と準備を進めることは，領域「人間関係」の内容の「（8）友達と楽しく活動する中で，共通の目的を見いだし，工夫したり，協力したりなどする」[3]のような経験にあたる。また事例中のお店屋さんの準備では，ひらがな表を見たり，保育者に支えられたりしながら文字や絵をかいて看板やチラシ，値札等を作る姿があった。これは，領域「環境」の内容の「（10）日常生活の中で簡単な標識や文字などに関心をもつ」[3]や領域「言葉」の内容の「（10）日常生活の中で，文字などで伝える楽しさを味わう」[3]や領域「表現」の内容の「（7）かいたり，つくったりすることを楽しみ，遊びに使ったり，飾ったりなどする」[3]にあるような子どもの姿といえる。

上記の各領域の内容に示された子どもの姿は，「幼児期の終わりまでに育ってほしい姿」のうち「協同性」「数量や図形，標識や文字などへの関心・感覚」「言葉による伝え合い」「豊かな感性と表現」と密接に関連する。例えば，「協同性」は「友達と関わる中で，互いの思いや考えなどを共有

し，共通の目的の実現に向けて，考えたり，工夫したり，協力したりし，充実感をもってやり遂げるようになる」[4]という子どもの姿であるが，これは前述の領域「人間関係」の内容の（8）等のような経験を積み重ねることにより育まれる。保育者は各領域のねらいと内容に基づく活動を通して「幼児期の終わりまでに育ってほしい姿」が育まれることを理解し，その指導にあたる。

3．ICTを活用した社会生活との関わり

　事例中の祭りは，新型コロナウイルス感染症の影響から，3年ぶりの開催であった。祭りの前は，「今年は祭りをやるんだって」「やっぱり中止かも」等，祭りの開催に関する情報が錯綜していた。そのため保育者はタブレットを用いて祭りを主催する役所のホームページを子どもと確認し，最新の情報を得ていた。役所まで子どもと出向き，直接，確認することも考えられるが，保育者の人員配置等によっては，それが容易でないこともある。そのような時は事例中の保育者のようにICTを活用し，必要な情報を入手することもできるだろう。

　幼保連携型認定こども園教育・保育要領では，ICTの活用に関して「乳幼児期は直接的な体験が重要であることを踏まえ，視聴覚教材やコンピュータ等の情報機器を活用する際は，幼保連携型認定こども園の生活では得難い体験を補完するなど，園児の体験との関連を考慮すること」[5]と示されている。社会生活との関わりにおいて，地域の身近な人と触れ合ったり，地域の商店や公共の施設を訪問したりする直接的な体験が重要であるが，それが難しい場合はビデオ通話で交流を図る等ICTを活用し，得難い体験を補完することが望まれる。なお，ICTの活用では，確かな情報源から子どもにふさわしい情報を入手すべきであり，保育者は情報機器の基本的な操作に加えて，情報モラルや情報セキュリティといった情報活用能力の習得が求められる。

引用文献
1）高橋たまき『子どものふり遊びの世界−現実世界と想像世界の発達』ブレーン出版，1993，p.4.
2）奥谷佳子「幼稚園4・5歳児クラスの協同的な遊びと活動場面における保育者の質問」保育学研究，**60**（2），2022，pp.247-258.
3）内閣府等『幼保連携型認定こども園教育・保育要領』（第2章 第3 ねらい及び内容），2017.
　＊『幼稚園教育要領』（第2章），『保育所保育指針〔第2章3（2）ねらい及び内容〕にも同様の記述がある。
4）内閣府等『幼保連携型認定こども園教育・保育要領』（第1章 第1 3），2017.
　＊『幼稚園教育要領』（第1章 第2），『保育所保育指針〔第1章4（2）〕にも同様の記述がある。
5）内閣府等『幼保連携型認定こども園教育・保育要領』〔第1章 第2 2（3）〕，2017.
　＊『幼稚園教育要領』（第1章 第4 3）〕にも同様の記述がある。

撮影協力園
八街市立八街第一幼稚園

実践編3　室内遊び その2

3-1　室内遊び（工作遊び）

▌事例　段ボールを使った工作遊び（4歳児・5月）

　A児が「ロボットを作りたい」と保育者に話し掛けてきた。保育者がどんな材料で作るのがよいのか尋ねると，A児は保育室にある空き箱や紙が並ぶ箱の中から画用紙を手に取り，画用紙をつなげて作りたいことを伝えた。保育者はA児の気持ちを「いいね！」と受け止めつつ，段ボールをいくつか持ってきた。A児は段ボールを手に取り，「（段ボールを）かぶりたい。ここに穴開けて手が出るようにしたい」と伝えた。A児は，廃材が種類別に入った箱に手を伸ばしながら，牛乳パックに腕を通すとロボットらしさが増すことや，段ボールで盾を作ること，剣は新聞紙を筒状に丸めて長さを出すこと等，様々な素材に触れながら考えを保育者に伝えた。

　その様子を見ていた他の子どもたちが集まってきた。B児は，床に置かれた別の段ボールの中に入った。それを見ていたC児は「電車みたいだね，電車を作ろうよ」と話し掛けた。D児は段ボールの箱の中に入るだけではなく，「電車ごっこで（自由に）動けるようにしたい」ことを伝えると，E児は自由に動かすには段ボールの側面が弱いことに気付いた。保育者は，段ボールの内側に上下の部分を折り込んで強度を高め，底面から足を出して歩けるようにした。C児が段ボールの電車に色を塗ることを提案した。保育者が，クレヨン，絵の具，折り紙，色画用紙があることを伝えると，絵の具で色を塗ることになった。保育者はシートを敷いて絵の具を準備した。段ボールは箱の形のままにして，子どもたちが段ボールを取り囲むように，絵の具を刷毛で塗っていった。電車になった段ボールの中に子どもが入って，側面を持ちながら移動しようとするが，うまく持つことができない。そこで保育者が段ボールにひもの持ち手を付けると，D児がひもを使って電車と電車をつなげることを思いつき，電車を連結させることになった。

▍1．解　　説

　この事例について幼稚園教育要領の領域「人間関係」と領域「表現」から考えてみる。ロボットの事例では，領域「人間関係」のねらい「(1) 幼稚園生活を楽しみ，自分の力で行動することの充実感を味わう」[1] ことと重なる。また内容「(2) 自分で考え，自分で行動する」[1] や「(6) 自分の思ったことを相手に伝え，相手の思っていることに気付く」[1] こと，領域「表現」のねらい

「（2）感じたことや考えたことを自分なりに表現して楽しむ」[2]ことと重なり，内容「（8）自分のイメージを動きや言葉などで表現し」[2]，このあと「演じて遊んだりするなどの楽しさを味わう」[2]ことにつながっていく。また，電車を作る複数の子どもたちは，領域「人間関係」のねらい「（2）身近な人と親しみ，関わりを深め，工夫したり，協力したりして一緒に活動する楽しさを味わい，愛情や信頼感をもつ」[1]，内容「（1）先生や友達と共に過ごすことの喜びを味わう」[1]ことや「（8）友達と楽しく活動する中で，共通の目的を見いだし，工夫したり，協力したりなどする」[1]ことを経験している。領域「表現」では，ねらい「（3）生活の中でイメージを豊かにし，様々な表現を楽しむ」[2]ことと重なり，これまでの遊びの経験を踏まえ，内容の「（5）いろいろな素材に親しみ，工夫して遊ぶ」[2]こと，友だちとの間で「（8）自分のイメージを動きや言葉などで表現したり」[2]することで，共通のイメージをもって遊ぶことを経験している。

　工作遊びでは，作りたいものを思い浮かべて，それに合った素材を選ぶ場合と様々な素材に触れるうちに作りたいものが思い浮かぶ場合がある。どちらの場合であっても，普段から様々な素材を子どもたちが目にし，自由に手に取ることができるようにすることで，子どもの作りたい気持ちや遊びのアイデアが広がっていく。

　事例中のロボット製作では，子どもたちは自分の作りたいものに適した素材を探し，電車の事例では，身近な段ボールという素材から電車を想像し，遊びにつなげている。同じ段ボールを使った工作でも，自分がなりきるための工作と，グループで話し合いながら進める工作と，異なる遊びとなった。保育者はそれぞれの遊びに関わりながら，子どもの思いを受け止め，子どもが思い浮かべたものを作ることができるよう，素材や作り方について提案や問い掛けを行い，子どもの作りたいもの，遊び方に応じて，表現したい気持ちを支えている。

　また，保育者が四角く硬い特徴のある段ボールを持ってきたことで，A児が最初に考えた薄くて弱い画用紙よりも，よりロボットらしさが表現できることに気付き，他の素材の特徴に着目して，次々にロボットにふさわしいアイテムをつくるアイデアにつなげている。素材の特徴を知ることで，自分が表現したいものに適した素材を選ぶことができるので，普段の遊びの中でも様々な質感，色，形の素材に触れる機会を設けることが大切である。

　事例中の電車の工作遊びでは，子どものつぶやき（段ボールが思っているよりも少し弱い材質であることに気付いたこと）と具体的な遊び方の希望（自由に動けるようにしたい）を保育者が受け止め，さりげなく段ボールを折り込むことで，子どもたちの作りたい気持ちを支えている。この時，段ボールを折り込む方法を，保育者が言葉にして伝えることはしていない。言葉にして伝えなくても，電車の工作遊びに関わった子どもたちは，段ボールの強度を高める方法や段ボールの中に入って自分たちで歩いて移動する遊び方を，体験を通して知ることになる。また絵の具を塗る時，段ボールを畳んだ方が早く塗ることができるが，保育者は出来上がった電車をみんなでイメージしながら着色す

写真3-1-1　自作の電車に乗る

ることが大切だと考え，段ボールを立てたまま色を塗ることを選んだ。

　保育者は，「子どもが何に興味をもち，どうしたら作りたい気持ちにつなげることができるのか」を考え，子どものつぶやきから素材を用意したことが，活発な工作遊びへとつながった。素材や用具が並んでいる場所のすぐ横に，作るスペース（机）が用意されており，思い浮かんだアイデアをすぐに試すことができるよう整えられている。また，作るスペースと遊ぶスペースはそれぞれ確保されているが，作ったものが壊れたり，遊んでいるうちに他のアイデアを思い浮かんだりしたときに，すぐ直したり，試したりすることができる環境が大切である。

　子ども自身が考え，作ったという達成感によって，作ったものに愛着をもち，それがさらに作りたい気持ちや工夫・遊びの発展につながる。保育者ははさみ等，道具の安全性に留意しながら，子どもが道具を使い，素材を加工して作ることができるよう見守り，子ども自身が作ったことを実感できるように配慮している。保育者から素材や方法の提案をする際には，子どもが選択できるよう複数の案を示したり，子ども同士が話し合って決めたりするよう言葉掛けをすることに留意する。

2．ICTの活用

1）事例の発展

　工作というと造形遊びとしてとらえることが多いが，ICTを活用することで身体表現，音や音楽による表現遊びにつながることが期待できる。

　A児はロボットになりきることを楽しんでいるが，自分がどのようなロボットになっているのか見ることができない。そこでタブレットのカメラで撮影し，自分がロボットになった姿を確認しながら，さらに身に付けるアイテムを増やしたり，アイテムの色や形を変えたり，表現が広がることが考えられる。また，ロボットになりきる姿を映像として録画し，視聴することで，ロボットにふさわしい動きやポーズを確認し，考えることも期待できる。

　電車を作る事例では，段ボールに色を塗る場面があるが，段ボールを撮影しアプリを使って段ボールの側面を青にしたり赤にしたり色を変えた場合の画像を確認することで，グループで共通したイメージをもって電車を作ることが可能となる。

　また，クラスでのリフレクション（振り返り）の時間等で，作ったロボットや電車の画像や遊びの映像を紹介することで，工作や遊びには関わっていなかった子どもたちと遊びを共有することができ，作ってみたい，やってみたい気持ちがクラス全体に広がっていく。その時，工作遊びの様子や，作ったもの，遊び方に合うと思われる音や音楽を子どもと一緒に選ぶこともICTを活用した楽しい活動となる。

2）アイデアを広げる

　子どもがロボットや電車等，具体的に作りたいものを思い浮かべた時，絵本や図鑑をもとに，色や形を確認したりアイデアを膨らませたりすることと同じようにタブレットを活用することで，ロボットや電車を作るために多くの情報が得られる。また，友だちと一緒に作ろうとする時，具体的

なイメージを共有することができる。

3）遊びを記録する，可視化する

①　子ども間での情報の共有

工作が数日に渡る時やクラスで大きな製作を行う場合，作る工程やアイデアを画像や映像で記録し，視聴することができれば，何をどのようにつくりたいと考えているのか，どのように遊びたいのか，子ども間で共有することができる。その時，保育者が子どもの発する言葉からマップを作成し，保育室の壁に貼っておくこともよい。

ICTの活用とともに，紙やホワイトボードを使って手書きで示す等，保育者が状況に応じて子ども同士が理解しやすい方法を選ぶことも大切である。

②　保育者間での情報の共有

子どもの遊びを可視化するために，ICTによって遊びを記録し保育者間で共有することで，その子どもの得意なところを伸ばし，苦手なところを補うことが期待できる。工作遊びは，道具を扱ったり素材を加工したりすることが多い。工作の経験が少ない子どもや苦手な子どもについては，映像で具体的にどのように作ったり遊んだりすることが得意なのか，あるいはどのような道具の使い方が難しいのか，保育者間で情報を共有したい。また道具を使う経験を重ねることができるような遊びに誘ったり，次の学年に引き継ぎ，指導計画に反映させたりすることも可能である。

3．インクルーシブの視点から

工作経験が少ない子どもは，作りたいものが思い浮かばない，素材を手にしても作りたいものを想像できないことがある。保育者の「好きなように作ろう」「自由に作ろう」という言葉は，工作経験が豊かな子どもにとっては目を輝かせる言葉だが，経験が少なかったり苦手意識があったりする子どもにとっては，迷うこともある。工作遊びに戸惑う子どもは，絵本や図鑑を見ることで，作ってみたいものが思い浮かぶこともある。しかし，絵本や図鑑にあるものをそのまま再現することを望むものの，実際には難しいということに気付き，さらに工作に苦手意識を感じる子どももいる。そのような時に，これまでの工作の画像や映像を見ることは効果的である。自分と同じ園，保育室で，他のクラスの子どもたちや上の学年の工作や遊びを画像や映像で見ることで，自分にも作れる，作ってみたい，やってみたいという気持ちに結び付くことが期待できる。

引用文献

1）文部科学省『幼稚園教育要領』（第2章 人間関係），2017.
2）文部科学省『幼稚園教育要領』（第2章 表現），2017.
　＊1），2）は，『保育所保育指針』『幼保連携型認定こども園教育・保育要領』にも同様の記述がある。

実践編3 室内遊び その2

3-2　劇づくり

▌事例　生活発表会に向けて"自分たちの劇"をつくる（5歳児・11月）

　この園では毎年12月に生活発表会があり，クラスごとに劇を発表している。子どもたちも毎年これを楽しみにしており，10月頃になると「今年は何やる？」との声があがっていた。そんな子どもたちの声を聞き，担任は「生活発表会でやりたいこと」が書ける紙を保育室に用意した。子どもたちは各々好きな絵本やお話のタイトルやイラストを書き，その中には「十二支」をあげる子どもが数人いた。前年度の4歳児クラスの時に，「十二支」の絵本をもとに共同画を作成した思い出が残っていたようである。そこで，保育者は『じゅうにしのはなしのつづき』[1]という絵本を子どもたちに読んでみた。すると，読み終わるや否や「これを発表会でやりたい！」との声があがった。この物語は，これまでの十二支を廃止して新しい動物に入れ替えようと動物たちが奮闘するストーリーである。子どもたちはこの滑稽な物語を気に入り，旧十二支12匹対新十二支12匹の対決が24人いるこのクラスにぴったりだと盛り上がった。そうして，クラスの総意で『じゅうにしのはなしのつづき』を生活発表会の題材にすることが決定した。子どもたちは，登場する動物の得意技を考えたり調べたりしながら，面白い劇にしようと様々なアイデアを出し合った。この物語の面白さのポイントは「勝負がつかないところ」である。ひつじ対やぎの「紙の大食い対決」や，いのしし対ぶたの「鼻の長さ対決」等，子どもたちのアイデアが次々とストーリーに加えられた。劇づくりの過程では，劇中の歌を創作したり，友だちと共に背景を描いたり，台詞を自分たちの言いやすいように日々変化させたりしながら少しずつ劇として形にしていった。絵本には，「商売繁盛」や「子孫繁栄」等のこれまで知らない言葉も登場したが，その動物の特徴とその言葉の意味の関係を知ることで，自分の役の誇らしさにつなげているようだった。子どもたちは劇づくりを通して，一人一人の意見が生かされていく充実感を味わい，"自分たちの劇"として新たなものを生み出す過程を楽しんでいた。

写真3-2-1　こんなかんじはどう？

写真3-2-2　草がはえているところに住んでるの！

1. 解　説

1) 劇を発表することの意義を考える

　生活発表会といわれる行事で劇を発表する園は多い。一年の総まとめとしての意味合いも強く，クラスの子どもたちの育ちを保護者に伝える機会にもなっている。子どもの主体性を尊重したいと考え，日々保育をしている保育者であっても，発表会という機会を前にすると，期待に応えなければというプレッシャーから，保育者主導の一方的な指導に傾きがちである。

　そこで，子どもたちが劇を発表するということの意義を改めて考えたい。一般的に，劇的活動のねらいは「登場人物になりきることを楽しむ」，つまり「演じる」体験に焦点が当てられることが多いかもしれない。しかし，本事例の子どもたちの興味・関心は「演じること」よりも「演出すること」であるようにとらえられる。子どもたちは，どうしたら面白い展開になるか，どうしたらその面白さがお客さんに伝わるか試行錯誤している。また，「十二支をやりたい」と紙に書いていた子どもの中に，「絶対トリになりたい！」と宣言していた子どもがいた。この子どもは「一番目立たないから！」と家族に話していたという。一見消極的とも思える発言だが，この子どもは物語の内容をよく理解した上で，この役がやりたいと自分の思いを主張している。「表現」とは，派手で目立つことだけではなく，ささやかでも自分なりのイメージを表したいと思えることが大切なのだとこの子どもが教えてくれている。

　劇づくりの過程で経験していることは，子どもによって様々である。役者ごっこを楽しむ子どもがいれば，プロデューサーごっこ，大道具さんごっこが楽しい子どももいる。そしてその表現の仕方は人それぞれである。違ったものが合わさることでひとつの劇が出来上がり，それを第三者から認められる，それこそが劇を発表することの意義であろう。保育者や保護者が発表当日の出来栄えを重視するのではなく，そこに至るまでの一人一人の子どもの気付きや発見，葛藤等を大切に受け止め，思い思いの表現が認められる場として発表会が位置付けられていることが重要である。

2) 替え歌の実践から著作権を考える

　本事例の劇では，童謡『森のくまさん』のメロディーにオリジナルの歌詞をつけて歌っている。子どもたちが，これまで歌ったことのある歌の中から掛け合いのシーンに合う歌を探し，話し合って歌詞を創作した。保育の中の劇的活動において，子どもが日常的に歌い慣れている歌を替え歌にして歌うという実践は珍しいことではなく，子どもが無理なく歌えることからよく用いられる方法である。しかし，実は音楽作品等の著作物は著作権法[2]という法律によって保護されており，原則としてこれを侵害してはならない。無許諾で歌詞を変えたり，加えたりすることは同一性保持権や翻案権を侵害すると考えられている[3]。しかしながら，著作権法第35条では，幼稚園，保育所，認定こども園を含める「学校その他の教育機関」においては，著作物を無許諾，無償で複製すること等を認めている。つまり，保育の場においては，子どものために必要と判断される場合には，例外的に著作者の著作物を無許諾で活用することが許されていることになる。しかし，前記の著作権

法第35条では，「著作権者の利益を不当に害することとなる場合は，この限りではない」と付け加えられていることも見逃してはならない。土橋久美子は，「保育現場で行われている活動などが著作権と結びついているという認識が現場の保育者に薄い」[4]ことを指摘しており，このことは保育者が意識していかなければならない課題のひとつといえる。もちろん，本事例の替え歌は，著作権者の利益を不当に害するようなものではなく，子どものイメージの世界を，よく知る歌に乗せることで，親しみを込めて歌うことが実現できた例である。ただし，その原曲には，作曲者，作詞者の思いが込められていることは忘れてはならず，保育者も子どもたちと共に原曲のよさを十分に味わい，原曲の作者に敬意を払った上で，新たな歌へ昇華させていくことを楽しみたい。

▌2．領域のねらいと内容との関わり

　本事例での子どもたちの経験は，保育内容の様々な側面からとらえることができる。子どもたちは「『じゅうにしのはなしのつづき』の劇をつくる」という共通の目的に向かって，それぞれ自分の考えを伝え合い，一人一人の思いが認められる中で，自信をもって自分なりの表現を楽しむ経験をしている。具体的には，過去の経験を生かしながら活動に対する期待や意欲をもつこと（健康），物語の登場人物の数がクラスの人数と一致することに気付くこと（環境），物語へのイメージを膨らませて，友だちと協力して劇に必要な道具を製作したり，歌詞や台詞を創作したりすること（人間関係，言葉，表現），自らのイメージをもとに，自分なりに演じたり，歌ったりすること（表現），知らない言葉に触れたり，自分の言葉で劇の見どころを説明したりすること等を通して言葉に対する感覚を豊かにすること（言葉），劇の面白さを追求するために図鑑で動物の習性を調べたり，愛着をもって役を演じたりすることを通して，様々な動物に興味をもつこと（環境，表現）等があげられる。こうして見てみると，本事例で子どもが経験していることは，5領域全てに関わることがわかるだろう。発表会当日の成果のみにとらわれていると子どもの育ちはみえてこない。活動の過程にこそ子どもの力は発揮されているのである。

　それでは，活動の過程に見られる子どもの姿を保護者に伝えていくためにはどうしたらよいだろうか。活動の過程を知らない保護者からは，発表会当日の様子だけを見て「我が子がちゃんと踊っていなくて心配になった」とか「ストーリーがよくわからなかった」等の感想が寄せられることがある。どんなに日常の保育の延長線上に発表会を位置付けても，たくさんの保護者が一同に集まり一心に子どもたちを見つめていれば，それだけで子どもたちにとっては非日常であり，緊張して，いつも通りにはできない子どもも少なくない。また，創作の劇ともなれば，ストーリーが伝わらず保護者が困惑するのも無理はない。本事例のクラスでは，子どもたちの劇づくりの過程を保護者に伝えるために，発表会当日の演目開始前に，PowerPointで作成したスライドを上映している。スライドには写真と動画を挿入し，子ども同士が協力しながら劇に必要な道具を製作しているところや，一人一人が物語のあらすじや見どころ等を話す姿を映し出している。これを見ると，子どもがどれほど生き生きと劇づくりに向かっていたのかが手に取るようにわかる上，園での日常の姿も見ることができる。また，ストーリーの紹介も兼ねているため，保護者も内容を理解してから本番を

　見ることができる。子どもが日常の中で小さな体験を積み重ねながら成長していることを保護者に伝えることは，子どもを共に育てていく関係を築く上でとても大切なことである。保育という営みは外から見えにくいからこそ，意識的に「見える化」を工夫したい。

写真3-2-3　発表会当日のスライド
（PowerPoint）

写真3-2-4　見どころをインタビュー
（PowerPoint）

3．小学校へ自信をもって進んでいけるように

　本事例を5領域の他に「幼児期の終わりまでに育ってほしい姿」（10の姿）に照らしてみると，子どもの育ちを多様な面から確認することができる。例えば「（2）自立心　身近な環境に主体的に関わり様々な活動を楽しむ中で，しなければならないことを自覚し，自分の力で行うために考えたり，工夫したりしながら，諦めずにやり遂げることで達成感を味わい，自信をもって行動するようになる」[5]は，劇づくりという協同的な経験の中で顕著に育ち，子ども自身もその実感を得たことだろう。10の姿は保育者が日々の保育の方向性の目安にしたり，小学校への円滑な接続や保護者との連携のために参考にしたりするものである。しかし，これを大人の中で留めずに子ども自身にも伝えていくことが大切なのではないか。「こんな姿がすてきだったね」とわかりやすく言葉で伝えたり，ドキュメンテーション等で可視化したりすることで，子ども自身も自分の成長を実感し，自信をもって小学校へと進むことができるといえる。

【引用文献】
1）スギヤマカナヨ『じゅうにしのはなしのつづき』ひかりのくに，2021.
2）著作物の教育利用に関する関係者フォーラム「改正著作権法第35条運用指針（令和3（2021）年度版）」，2020.
3）教育芸術社HP，著作権について.
4）土橋久美子「保育現場における著作権認識の現在：保育者は著作権を理解しているか」白百合女子大学研究紀要，56，2020，pp.191-204.
5）文部科学省『幼稚園教育要領』（第1章 第2），2017.
　＊保育所保育指針〔第1章4（2）〕，幼保連携型認定こども園教育・保育要領（第1章 第1）にも同様の記述がある。

【協力園】
社会福祉法人 あざみ会 雪谷保育園

実践編3　室内遊び その2

3-3　積み木遊び

　積み木には他の遊具同様，固有の性質がある。以下では2事例をもとに積み木場面固有の遊びについて考察するとともに，積み木場面を通して，子どもの遊びの特徴と保育者のあり方について考えてみたい。

　事例1は，3歳児の積み木場面である。事例に使用した積み木は，3歳児の子どもたちにとっては小型と中型の中間ほどの大きさ（1人で操作可能なサイズ）の物で，積み上げていくと簡単に背丈ほどの高さにもなる。素材は天然素材のコルク製で軽く，崩れに伴う衝撃は極めて小さく，転がっていく様は心地よいほどである。

▌事例1　積み木遊び その1（3歳児・10月）

　A児，B児が積み木箱から積み木を出し，積み上げている。積み木はA児の頭の高さまで積み上がっていて，A児には高すぎて，積み木を持ち上げてはみたもののその手は届かなかった。そんなA児がふと下を見ると，下から二段目ほどに積まれた積み木の一部が外に飛び出している。A児はそこに足を掛けた。足を掛けて，高くなった積み木の上に手を伸ばす。二段目から少しはみ出ていただけの積み木には安定感がなく，A児が足を掛け，体重を乗せ始めた瞬間に，積み木は大きく崩れていく。崩れた側にはB児が積み木を載せようと立っている。崩れた瞬間，B児は「キャーワァーア！」と歓びを表す声をあげ，両足でジャンプしてみせる。A児はそんなB児に，にやりと少し笑ったような顔をしたが，B児に顔を向けるでもなく，直ぐに先と同じ手順で積み木を積み上げ始める。

　＊著者作成（宮田まり子『園における3歳児積み木場面の検討』風間書房，2019，p.51）の事例を改変して掲載

▌1．事例1の解説

　事例1では「積む」と「崩す」，「崩れる」といった積み木の構造の変化が発生している。まずはそれに対し，子どもたちにはどのような反応があったのか，見てほしい。

　A児とB児は崩れに対し，否定的な反応を示していない。積み上げるという行為の消滅を意味する崩れは，これまでの成果を無くすことであるともいえ，否定的な出来事としてとらえられる可能性もある。しかし，事例の子どもたちにはそのような様子はなく，B児にいたっては身体を飛び上がらせるほどに喜んでいるように思われる。それはなぜだろうか。

　考えられることのひとつは，子どもにおける遊びとは，必ずしも成果を必要としないということである。場合により，行為した結果の通りにならなくても，むしろ偶発的な出来事やその過程が楽しいということもある。

　「積み木」という「積む」ことが想定される名の付いた物ではあるが，積み木は「積む」に留まらず，子どもの遊びでは多様な使い方がなされることを理解しておく必要がある。子どもたちは，自らの行為とそこでの出来事を通して様々なことに出会い，学んでいるということを忘れてはならない。例えば事例1では，崩れた側で積み木を載せていたB児にとっては崩れが突然起こったことが，驚きの出来事のように心地よく感じられた可能性は高い。積み木が崩れて転がっていく様とその音，衝撃を体感したのではないだろうか。またA児は足を掛けた直後に崩れたことから「不安定」という状態を体感したことだろう。積み木での遊びを通して，子どもたちは何に出会っているかを考えてみよう。

事例2　積み木遊び その2（3歳児・12月）

　保育室で朝の身支度を終えたC児が隣室にあるコルク積み木まで走って行く。その後ろを保育者Xが歩いて行く。

C児　　「ホットケーキ作るね」

保育者X「ホットケーキ作る？」

　C児は，コルク積み木が置かれている場に着くと素早く振り返って体を保育者Xの方に向け，積み木箱から直方体の積み木を1つ取り出す。保育者Xも直方体の積み木を1つ取り出す。

　　―途中略―

C児　　「ねぇチョコケーキ作ろう？」

保育者X「チョコケーキ？」

C児　　「うん」

保育者X「おいしそうだね。何が入っているのかな，チョコケーキ」

　2つの直方体を右手と左手に1つずつ持ち，順に積み上げたC児は「じゃあ」と言いながら，保育者Xによって取り出された直方体を1つ持ち上げながら「生クリーム乗せて」と言って積み上げる。保育者XはC児の積み上げを見て，「先生はチョコレートを乗せて」と言いながら，箱から取り出した積み木は床に置かず，直接C児が積んだ積み木の上に積む。C児は保育者Xが箱から取り出していた直方体の積み木を1つ持ち上げ，保育者Xが積んだ積み木を見ている。

C児　　「うちはいちごを乗せて」

保育者X「じゃあ先生はバナナを乗せようかな〜」

　保育者XとC児が積み木を1つ手にしては，見立てたことを話しながら積んでいく。C児が長さのある直方体の積み木を手にし，「私もバナナ乗せよっかなー」と言って積もうとする。

保育者X「おっきいバナナだねぇ」

＊著者作成（宮田まり子『園における3歳児積み木場面の検討』風間書房，2019，pp.97-98）の事例を改変して掲載

2．事例2の解説

事例2は，3歳児が保育者と2人で展開した積み木場面である。

積み木は一般的に，立方体や円柱等，特別な意味をもたない無機質な形状をしている。よってそこに「見立て」が発生することは多い。事例2においても，3歳児が積み木を食べ物に見立てていくが，その際，保育者はどのように関わっているかをみてほしい。

保育者Xの行為と発話に下線を付けてみると，保育者Xは絶えずC児の行為と発話を受容し，C児の行為に追随していることがわかる。特に，C児が積む行為を優先し，その後に自身も積み上げていることから，作られた構築物に関わる積み上げ回数はC児が多くなっている。割合的にC児の行為の結果の物になっているのである。また保育者Xは追随するだけでなく，C児の思いの中で新たなアイデアを提案する等もして，遊びをつくり出す一員にもなっている。

このように，積み木はそれ自体では何も示さないために，遊び手の見立てによってどのような遊びの物語においても使用することは可能である。しかし複数で展開する遊びにおいて使用される場合，絶えずイメージが発話されたり，その他イメージの一部を表す物が持ち込まれたりする必要がある。よって積み木場面における保育者は，遊び手のイメージの媒介をすることがある。その際，大切な関わりは，遊び手である子どもの思いを知り，受容すること，また積み木の操作を子どもに委ねることである。

以上，事例2の解説では積み木場面での保育者の役割について考えてみた。また加えて事例2においては，遊び場面における保育者が，いかに斜め後ろを歩きながら子どもが歩き出したい方向を理解し，時にその先を照らし，伝えるような存在であるかがわかるだろう。

3．積み木について

積み木は，世界で初めて幼稚園を設立したとされるフレーベル（第1章，側注3，p.4参照）が考案した恩物が基になって作られた玩具であるとされている。つまり，園生活において用いられる玩具としての歴史は古く，また国内のみならず，国外の幼児教育施設においても積み木とその遊びは確認することができる。積み木は，普及率の高い玩具のひとつであるといえる。

現在，市販されている積み木の形状は様々あり，その分遊び方や保育における使用例も多様にある。大きさや素材により，楽しみ方，留意点も異なる。以下ではまず，積み木の素材と形状から考えられる，園での遊びの可能性について考えてみたい。

1）積み木の大きさと可能性

小型の積み木は，限られた室内空間でも設置することができ，移動も簡単にできる。そのため園

のみならず，家庭での遊びにも使われる等，小型の積み木で遊んだことのある子どもは多い。家庭で経験のある玩具は，特に園生活に慣れていない時期において，経験のある玩具を基に安心して遊び出す支えになる。また，1人でも積み上げられる小型積み木は，規則的な動きを1人でも行えることが情緒の安定につながる可能性もあり，例えば長時間保育の日の夕方の時間帯での設定のひとつとしても適している。

　中型の積み木は，一般的には家庭よりも園で初めて出会う子どもが多い。中型の積み木は，大型とは異なり，幼児であれば1人でも積み上げることができる。また小型とも異なり，少しの数を積み上げただけで幼児の背丈より高さのある構造物（自分の背丈ほどの物）を作ることができる。素材によっては崩れに伴い衝撃が生じることもあり，小型に比べて注意が必要になる。また小型よりも積み木の数と占有可能な空間に限りがあることから，他者に思いを伝えたり，他者の思いとの調整を図ったりする等のやり取りが増加する。

　大型の積み木は，大きな空間を必要とするため，園等の特定の施設でしか経験できない遊びのひとつといえる。大型の積み木は，形状によっても異なるが，多くは幼児1人では積み上げることも運ぶことも難しい。結果，他児との協同場面が発生しやすい。並べたり積み上げたりした結果の占有面積も大きいため，遊びを共有していない他児との相互行為も自ずと促進される。崩れに伴う衝撃は大きく，けがにもつながることから崩れないように積み上げる必要がある。よって技術的な指導や注意点の共有等，遊び方を熟知した保育者の関与を要する可動遊具のひとつである。

2）積み木の材質と可能性

　大きな分類としては，ウレタン等の人工素材と木やコルク等の天然素材の積み木とがある。天然素材の積み木は，規格が同じ物も模様や色の違いがある等，ふたつとして同じ物はなく，素材を通して多様性に気付いたり，天然素材から感じ取ることができる温かさを感じたりすることもできる。また人工素材のうち，ウレタン積み木等は重さも軽く，柔らかく，崩れに伴う衝撃も小さいことから，様々な年齢で扱いやすく親しみやすい可動遊具といえる。

▌4.　ICTの活用

　遊びは，必ずイメージの世界を必要とする。積み木は，遊びのイメージの中で様々なものに見立てることができる。ICT機器は，イメージを可視化することに優れた機材である。つまり積み木とICT機器は，組み合わさることで遊びの世界を広げることができる。例えば，小型の積み木をビルや電車等に見立てて街を作った子どもがいるとする。そこで小型カメラを手渡し，イメージしている者の視点の位置から撮影してもらう。撮影された映像を大型モニターに映せば，その子どもの見立ての世界にいなかった子どもにも共有することができる。共有後，関連のある新たな考えが生まれたり，積み木以外の素材を持ち込んでの工夫が始まったりする等して展開されていくことはあるだろう。また撮影の際，撮影機器とモニターをネットワークでつないだならば，画面に映し出しつつ，同時に積み木を操作するという協同の過程が生まれる可能性もあるだろう。

実践編4 境の場から園庭遊び その1

4-1　テラスで楽器遊び

事例　自由に楽器遊びー境の場としての廊下とテラス（5歳児・2月）

　数人の子どもたちが，思い思いの楽器を手に音を鳴らすことを楽しんでいる。A児はツリーチャイムがお気に入り。何度もバチを右から左へ，左から右へと動かし，音の響きを楽しんでいる。B児はハンドベルを両手に持って振りながら，A児とC児に向かって，「みんなで音楽する？」と声を掛ける。A児はすぐに「いいよ」と言ってうなずく。B児も「いえーい！」と声をあげている。A児はC児を見て，軽く飛び跳ねながら「これでやろう！　音楽！」と，ツリーチャイムを指している。保育者が〈おどるポンポコリン〉の音源を準備すると，A児は「ポンポコリンやりたーい！」と飛び跳ねながら言う。B児はA児の方を向き，足を高く踏みながらハンドベルを頭上で鳴らし，「いろんな楽器触ってもOK？」と大きな声で言う。音源が流れ始めると，A児はツリーチャイム，C児はハンドベルを持ち，音楽に合わせて鳴らし始める。B児は，前奏ではサンバホイッスルを鳴らし，AメロではサンバホイッスルをくわえながらR，拍子木を打ち，Bメロではサンバホイッスルを鳴らしながらマラカスで同じリズムを鳴らす（写真4-1-1）。サビ前♪タッタタラリラ～のところは，サンバホイッスルを置いて，スレイベルを両手に持って振り（写真4-1-2），サビは，ハンドベルから拍子木へと途中持ち替えながら，歌のリズムに合わせて鳴らしている。2コーラス目のサビには，さらにD児とE児が加わり，5人で演奏している。さらに，5人でもう一度曲の始めから演奏を楽しんでいる。途中から加わったD児は，全部演奏し終わる前に，楽器コーナーを離れて，別の遊びへと移っていった。しばらくするとD児がまた戻ってきて「こっちにいっぱい響くからさあ，（響かないように）1人の音でやって。1人，1人の音。いい？」と呼び掛けるように言う。さらに，「○○くんのさあ，耳がさあ，やばいっつってんの」とつぶやく。A児はそれを聞き，しばらく不機嫌な顔をしていたが，「だったら外でやろうよ！」「外でやればいいじゃん」と楽器をテラスへ移動し始める。

写真4-1-1　Bメロ演奏時の子どもたち

写真4-1-2　サビ前♪タッタタラリラ～

1．解　説

1）楽器を探索することを楽しむ

　A児は最初から最後までツリーチャイムを演奏していた。A児は「これでやろう！　音楽！」と言って，ツリーチャイムを演奏することに楽しみを感じていた。「おどるポンポコリン」のサビでは，4拍間で右から左へ，左から右へとバチを動かし（グリッサンド），4拍休む，という奏法を繰り返していた。ツリーチャイムの鳴らし方も，バチで触れる位置を変えてみたり，揺れているツリーチャイムを止めようとしたりしていた。自分なりの演奏イメージをもち，自分なりに見つけた奏法を心地よく感じていることがうかがえる。一方で，B児は「みんなで音楽する？」と声掛けしていることから，一緒に音楽することを楽しみたいと考えていることがわかる。そして，「いろんな楽器触ってもOK？」と，楽器を探索したい，という思いも見えてくる。実際，前奏ではサンバホイッスル，Aメロではサンバホイッスル＋拍子木，Bメロはサンバホイッスル＋マラカス，サビ前にはスレイベル，サビはハンドベルから拍子木，と1コーラス終わるまでに何度も楽器を持ち替えていた。事例にはあげていないが，2コーラス目は，コンガ，木琴，大太鼓，ボンゴ，ビブラスラップと，ここにある楽器ほとんどに触れて，その音を確かめるかのように，音楽に合わせて鳴らすことを楽しんでいた。本事例から，いずれの子どもたちも，楽器を探索することを楽しんでいたが，A児は1つの楽器をじっくりと探究しているのに対し，B児は全ての楽器を広く浅く楽しんでいることを読み取ることができるだろう。

2）音の環境構成を考えることの重要性

　本事例のように，音・音楽の遊びには環境構成をあらかじめ想定することが大切である。D児はこの楽器遊びに途中から参加し，さらに途中で離脱していったわけだが，D児がまた戻ってきて「こっちにいっぱい響くからさあ，（響かないように）1人の音でやって。1人，1人の音。いい？」と呼び掛け，さらに「○○くんのさあ，耳がさあ，やばいっつってんの」とつぶやいていた。ここでのD児は，自分自身が，一緒に楽器遊びに参加していた時には気付かなかったであろう音の響きや音の大きさについて，離れたところにいても聞こえてきたこと，さらに友だちの「耳がやばい」と，音が思ったより大きく響くことをA児たちに理解してもらいたいと思ったのだろう。こうした事象は，日常的に起こりうる。保育者はこうした音・音楽を伴う遊びを保障するために，楽器の種類や楽器の数，楽器コーナーの展開場所を考える必要がある。本事例では，A児が「外でやろうよ！」と提案したことによって，保育室と園庭をつなぐテラスに楽器を移動させ，音問題を解決させている。テラスから園庭に向けて音を鳴らすことによって，廊下のように音が反響することもなく，保育室にも音の影響が少ない。それでいながら，テラスからは保育室の様子も見ることができ，室内とテラスを行き来することもできる。子どもが楽器遊びをするのに適した場所であったといえるだろう。テラスに移動した子どもたちは，写真4-1-3のように，園庭に向かって楽器を並べ，A児は変わらずツリーチャイムを演奏し，B児は木琴2台に対して，両手にバチを2本ず

つ持って，それぞれの木琴を鳴らしたり，2台続けてグリッサンドしたりしており，さらに楽器探索活動を深めていく様子を見ることができた。そして園庭からは，写真4-1-4のように，音に誘われてテラスで楽器を鳴らす子どもたちを見つめるギャラリーも生まれていた。

写真4-1-3 バチを片手に2本ずつ両手に持つ

写真4-1-4 園庭で遊ぶ幼児もギャラリーに

2．領域のねらいと内容との関わり，ICTの活用

　本事例は主に領域「表現」の側面からとらえた子どもの姿である。「表現」においては「感じたことや考えたことを自分なりに表現することを通して，豊かな感性や表現する力を養い，創造性を豊かにする」[1] ことが目指されており，ねらいには「（2）感じたことや考えたことを自分なりに表現して楽しむ」[1] こと，その内容には「（4）感じたこと，考えたことなどを音や動きなどで表現したり，自由にかいたり，つくったりなどする」[1]「（6）音楽に親しみ，歌を歌ったり，簡単なリズム楽器を使ったりなどする楽しさを味わう」[1] ことが明示されている。こうした「ねらい」や「内容」を総合的に達成できるように，保育者は幼児の遊びを援助することが肝要である。本事例においては，子どもが自由に楽器遊びができるように，様々な種類の楽器コーナーが設定され，「自分なりに表現」する機会が保障されていた。一方で，教職課程コアカリキュラムにおいては，「保育内容の指導法（情報機器及び教材の活用を含む。）」の到達目標として「各領域の特性や幼児の体験との関連を考慮した情報機器及び教材の活用法を理解し，保育の構想に活用することができる」[2] ことが目指されており，領域「表現」においても，情報機器の活用を検討する必要がある。本事例では，子どもたちの様子を筆者が動画で記録していたが，こうした動画や写真記録もひとつの情報機器の活用といえよう。撮影した写真や動画を，帰りのリフレクションで子どもと一緒に振り返ってみたり，保育の様子を保護者に発信したりする契機ともなる。また，クラスにおいてタブレットが使用可能であれば，タブレットを用いて音源を製作したり，製作した音源をワイヤレススピーカーから出力したりすることは，子どもの楽器遊びを支える情報機器の活用といえる。以下，Google Chromeが提供しているChrome Music LabのSong Makerで，保育者養成校の学生が作成した音源の一例をあげてみる。なお，Chrome Music Labはパソコン，スマートフォン，タブレット等から誰でもアクセス可能であり，ソフトウェアのインストールの必要もないこと，さらに操作性にも優れているので，子どもと共に音楽をつくって遊ぶこと等も考えられる。

山の音楽家　かたつむり

写真4-1-5　トガトン

3．表現におけるインクルーシブ保育

　全ての子どもにとって，等しく表現を楽しむ場を保障することが大切である。乳幼児期は発達の個人差も大きく，表現の楽しみ方も異なる。全ての子どもが自分なりの表現を楽しめるようにするために，個別の配慮や工夫も必要となる。例えば，音に過敏な子どもにとっては，本事例のように大きな音が響く環境は苦手だろう。一方で，楽器遊びをしたい子どもたちの気持ちをないがしろにすることもできない。そのような時に，本事例のようにテラスを楽器遊びの場にする，というのはどちらの子どもにも配慮された場であるといえよう。個々の楽器の音量や，音色等を考慮しながら，表現したい子どもの気持ちを大切に育むための環境構成を工夫したい。

　ある園で，竹の楽器トガトン（写真4-1-5）を使って園庭で楽器遊びをしたことがある。トガトンはフィリピンの民族楽器であるが，竹を様々な長さに切り出し，中の節を抜き，下部の節は残して下部を石等に打ちつけて音を鳴らす。竹を手に入れることができれば，日本でも簡単に作ることができる。子どもにとっても，簡単に音を鳴らすことができ，仲間と協同して音楽を作ることもできる。このように世界の様々な楽器や，音楽様式，音楽遊び等を教材として取り入れることによって，自文化だけでなく多文化にも意識を向けることにつながる。領域「環境」の内容の取扱いにおいては「（4）文化や伝統に親しむ際には，正月や節句など我が国の伝統的な行事，国歌，唱歌，わらべうたや我が国の伝統的な遊びに親しんだり，異なる文化に触れる活動に親しんだりすることを通じて，社会とのつながりの意識や国際理解の意識の芽生えなどが養われるようにすること」[3]とあり，多文化共生保育を構想する上でも，テラス等の境の場を活用した楽器遊びを検討することは有効であろう。

引用文献

1）文部科学省『幼稚園教育要領』（第2章 表現），2017.
　＊保育所保育指針〔第2章 3（2）オ 表現〕，幼保連携型認定こども園教育・保育要領（第2章 第3 ねらい及び内容 表現）にも同様の記述がある。
2）教職課程コアカリキュラムの在り方に関する検討会「教職課程コアカリキュラム」，2017，p.8.
3）文部科学省「幼稚園教育要領」（第2章 環境），2017.
　＊保育所保育指針〔第2章 3（2）ウ〕，幼保連携型認定こども園教育・保育要領（第2章 第3 ねらい及び内容 環境）にも同様の記述がある。

実践編4 境の場から園庭遊び その1

4-2 テラスでの遊びと生活のひろがり

■ 事例1 カブトムシの観察 −内と外の境で生じる関わり−（4歳児・7月）

　A児とB児は，虫かごを手に保育室からテラスへとやってきた。虫かごの中には，カブトム
シと腐葉土，餌が入っている。彼らから少し遅れて，大きめのアルミプレートを持った副担任
保育者もテラスへと出てきた。副担任保育者はテラスのちょうど真ん中あたりにプレートを置
くと，何も言わずに保育室へと戻っていった。A児らは，その前に膝をついて座ると，虫かご
の蓋を取り，いったんカブトムシを取り出した後，勢いよくかご内の腐葉土をプレートへと広
げ，その上に置いたカブトムシの様子を観察したり，土をいじったりといった活動を始める。
2人は腹這いになる等，姿勢を低くして，目線の高さでカブトムシに対する関わりを深めて
いく。会話はなく，終始落ち着いた雰囲気が漂っている。テラスには登園後の身支度途中の子
どもたちがわずかに残っていた。その1人であるC児は，自分のやりたいことが見つからない
のか，保育室に入らずにテラスをうろうろと彷徨（さまよ）っていた。その様子に気が付いた保育者
は，C児にさりげなくA児らの様子を伝えた。興味を示したC児は，A児らに接近していき，
やがて自然に観察の輪の中に加わった。しばらくすると，今度は一足先に園庭で遊び始めてい
たD児ら3人がA児らの一団に興味を示した。3人はテラスに膝立ちの姿勢になると器用に
靴を脱ぎ，カブトムシの観察を始めた。これとほぼ同時に，4歳児保育室からふらっとやって
きたE児も活動に合流した。加えて，5歳児保育室から顔を出したF児も活動に興味を示し，
A児らを遠巻きに眺め始める。F児は，B児がカブトムシをひっくり返して指で押さえつける
様子を見て「いけんよ，そんなことしたら死ぬよ」と注意を促す。また，「どっちのカブトム
シが餌に早くつけるか競争したら？」と遊びの提案を行う。F児の案が実現することはなかっ
たものの，最大8人にまで人数を増した活動は，その後しばらく継続された。

写真4-2-1　態勢を低くして観察するA児　　写真4-2-2　方々から参加してくる子どもたち

■ 事例2　いざ泥団子づくりへ －境で揺れ動く気持ち－（4歳児・1月）

　寒さ極まる1月，ほとんどの子どもたちが園庭へと出掛けていった後，浮かない表情をしたG児が保育室からテラスに出てきた。靴を履き替えると，G児は両手を強くすり合わせ，時々白い息を吐く等，明らかに寒そうな素振りを見せながら，多くの子どもでにぎわう園庭を眺める。そうした状態がしばらく続いた後，普段から仲のよいH児が通りかかり，園庭から「砂場しようよ」と声を掛けた。しかし，G児は「手が汚れるから…」と相変わらず手をすり合わせながら誘いを断る。2人の間には一瞬沈黙した時間が流れたが，H児が「じゃあお団子しよう！」と切り出すと，G児は顔を上げ少し緩んだ表情でうなずいた。しかし，G児はすぐには園庭に出ず，「バケツ2つよ」とH児に活動の準備を指示する。誘うことに成功したH児は笑みを浮かべながら，バケツ，シャベルと言われるままに道具を準備し，テラスの付近に並べていく。G児の表情は次第に明るくなっていき，園庭で作業をするH児に大きな声で指示を出す。全てが整うと，G児は，泥団子を作るべく2人並んで砂場へと移動していった。

写真4-2-3　寒そうにテラスに留まるG児　　　写真4-2-4　G児を活動に誘うH児

1．解　　説

1）テラスだから生まれる関わり

　事例1では，カブトムシの観察活動の場所にテラスが選択されている。これには，土等がこぼれた場合でも掃除がしやすいといった保育者側の意図もあるだろう。結果的に，A児たちは，室内に居ながらにして，腐葉土を床面に大きく広げ，土の感触を楽しみ，普段よりも大きなスケールでカブトムシの動きを観察できている。また，A児たちは，テラスに腹這いに近い姿勢になることで，より近い位置，同じ目線でカブトムシと関わっているが，同様の姿勢は，砂や泥の地面では取りにくい。したがって，保育者がこの活動を屋外に誘導していた場合では，事例のような関わり方は実現しなかった可能性が高い。このように，屋内と屋外の境に位置するテラスでは，それぞれの場所の要素を柔軟に取り入れた活動が生まれることがある。加えて，同じテラス内，園庭，4歳児

保育室，5歳児保育室と隣接する全ての場所から参加者がやってきて活動が拡大している。テラスは，活動が展開できる場所であると同時に，生活拠点間を結ぶ通路でもある。そうした人が行き交う場所での活動は，思わぬ人間関係の広がりや活動の発展が見られる可能性がある。

　事例2のG児の様子からは，寒さから屋外遊びに足が向かない，しかし，周りのみんなは外に出ており，自分も合流したい，あるいは合流しないといけない気がする，といった葛藤が読み取れる。こうした煮え切らない思いを抱えた子どもにとって，保育室と園庭の間に位置するテラスは，決断までの時間を過ごす場所となりやすい。また，テラスに出ることによって，園庭にいる子どもや保育者との接点が生まれ，会話をしたり部分的に活動に参加したりといったことが起こり得る。事例2では，G児の様子に気付いたH児の積極的な誘いによって，G児に活動への意欲が芽生え，テラスからH児を介して準備を進める中で気持ちが高まり，最終的な移行へと至っている。こうした場や人，活動との部分的，様子見的な関わり方を許容する点もテラスの特徴である。

2）あいまいで柔軟な場に潜在する価値

　以上の事例が見られた園のテラスは，奥行きが約2メートル前後であり，園庭と2つの保育室の間に存在している。テラスとしては比較的ゆとりがある大きさではあるものの，靴等を収納するロッカー以外に設置物はなく，単体でみると殺風景な空間である。また，この空間は，2つのクラスで共有され，室内履きで出歩くことができる一方で屋外に大きく開かれているといった，誰のものとも，どこに属するとも言い難い空間でもある。しかし，このようにあいまいで柔軟であることは，使い手の工夫次第で，屋内と屋外の要素を都合よく取り入れ，周囲の空間との関係性を調整できる場へと変貌する。事例からも，テラスを舞台とする活動では，他の場所とは異なる姿勢，位置関係，距離感による人やものとの関わりが生じていることがわかるだろう。単純に，複数の場所に対して開かれていることで，異なる場所で異なる過ごし方をしていた子ども，異なるクラスの子どもたちが交わり，活動が大いに盛り上がり，新たなアイデアが生まれることも期待できる。保育計画の作成においては，テラス等の境の場所の存在と価値も視野に入れ，保育室，園庭と合わせて意識的に活用することで，子どもたちの活動をより重層的かつ効率的に展開することができる。

　ただし，テラスを完全に「遊び場」とすることには注意も必要である。テラスに特定の遊具を常時設置したり，使い方を細かに定めたりした場合，場のあいまいさや柔軟さは失われてしまう可能性がある。また，テラスには，保育室や園庭等に居場所を見出せない子どもを受け入れ，自分自身で判断するまでの間を提供する機能もある。こうした用い方ができる背景には，テラスが遊ぶことを暗に求める「遊び場」ではなく，「遊び場」につながる通路であった点も大きい。このような場所の価値をも意識し，広い視野で子どもにとって快適な園環境を設計したい。

▎2．領域のねらいと内容との関わり

　テラスで日々見られる子どもたちの姿からは，複数の領域のねらいや内容との関わりを見出すことができる。例えば，テラスは子どもが園舎へ，遊び場へ，仲間関係へと移行していくまでの間を

過ごす場所である。ここでは，葛藤しながらも仲間と活動の接点を見つけ，遊びへと向かう子ども
の姿が日常的に繰り広げられている。これらは，領域「人間関係」の内容に記される「（2）自分
で考え，自分で行動する」[1]「（6）自分の思ったことを相手に伝え，相手の思っていることに気付
く」[1]「（10）友達との関わりを深め，思いやりをもつ」[1] 等の素朴な実践場面といえる。同領域に
関わる子どもの育ちは，こうした日々の生活にこそ潜んでいるのである。

　さらに，テラスのような屋外に面した空間は自然や社会の観察にも適する。領域「環境」のねら
いには「（1）身近な環境に親しみ，自然と触れ合う中で様々な事象に興味や関心をもつ」[2]，「（2）
身近な環境に自分から関わり，発見を楽しんだり，考えたりし，それを生活に取り入れようとす
る」[2] とあり，内容として「（3）季節により自然や人間の生活に変化のあることに気付く」[2] 等が
設定されている。保育室から一歩踏み出せば屋外を味わえるテラスは，身近な環境に親しみ，変化
に気が付く機会に富む。加えて，屋外と屋内の要素を併せもつことが，領域「表現」のねらい
「（2）感じたことや考えたことを自分なりに表現して楽しむ」[3] に通じる発想を生み出すこともあ
る。

　テラスにおける経験の意義は，意識的にも物理的にも大人の目に留まりにくいものであるが，園
環境間のつながりや子どもの関係性，保育上の課題につながる情報を多く含んでいる。また，保護
者にとっても身近で，登園・降園の際に観察ができる場所でもある。園内研修や保護者向けブログ
等で積極的に事例を発信することで，子どもの育ちに対するまなざしを共有していきたい。

▎3．個と集団を緩衝する場としてのテラス

　就学前施設（幼稚園・保育所・認定こども園をいう）は，あらゆる子どもにとって安全で快適で成
長できる場であることが理想である。しかしながら，集団生活である以上，周囲との関係性の中で
苦悩する子ども，不自由を感じる子どもを全くゼロにすることは難しい。そうした中にあって，テ
ラスを含む境の場は，個と集団の間で生じる葛藤を緩やかにする機能がある[4]。集団に属し続ける
ことは子どもにとってストレスとなるが，かといって完全に孤立してしまうと，子どもは不安や疎
外感を感じることになる。そうした際に，保育室とも園庭ともつかず離れずの距離感にあるテラス
は，子どもが安心して個と向き合い，集団に向かっていくまでの時間を過ごすことができる。テラ
スという場所では，園生活で生じる種々の制約や葛藤に折り合いをつけようと工夫する子どもの姿
に気が付くことができる。

引用文献
1）文部科学省『幼稚園教育要領』（第2章 人間関係），2017.
2）文部科学省『幼稚園教育要領』（第2章 環境），2017.
3）文部科学省『幼稚園教育要領』（第2章 表現），2017.
　＊1）～3）は，『保育所保育指針』『幼保連携型認定こども園教育・保育要領』にも同様の記述がある。
4）小川信子『子どもの生活と保育施設』彰国社，2004, pp.118-119.

実践編４　境の場から園庭遊び その１

4-3　テラスと園庭がつながる自然物の遊び

▍事例　ウサギの耳につける花びら，どこにあるかなあ（４歳児・10月）

テラスで数人の４歳児が松かさやドングリ，枝や木の葉を使って何かを作っている。

前日，５歳児が園庭でしていたこの遊びを，保育者が４歳児に伝えた。すると，子どもたちは秋の本を手に取り，翌朝も自然物で動物を作った写真を見て，「ウサギさんだ！」「リスさんだ！」と話しており，そのうち，「やってみたい！」と声をあげた。保育者は「なに作ろうかな」とつぶやき，「今日もドングリあるかな，見に行ってみようか？」と声を掛けた。

写真４-3-1　何を作ろうかな

保育者が屋根のあるテラスに場をつくると，A児は秋の本を持って，藤棚の横にあるボックスへ松かさやドングリを何度も取りに行った。保育者の作る様子をちらちらと見ながら，木工用ボンドやポスカを使っていたが，ポスカは押さないとインクが出ないし，木工用ボンドはすぐに乾かないため，他の子どもたちと一緒に，適当な文房具を保育室の中に探しに行った。すると，A児が「セロハンテープならくっつくんじゃない？」と提案し，油性ペンも一緒にテラスに運んだ。保育者が「枝と松かさにテープ，貼れるかな」と言うと，A児は，「ぐるぐる巻きにしよう！」と言い，ウサギの耳の枝と，ウサギの顔の松かさをセロハンテープ

写真４-3-2　テープで

で巻いていった。そして，テープを短くちぎり，目や口をマジックで書いて貼りつけた。

その後，保育者が「お庭に，花や草もあるよ」と声を掛けると，A児が，「体に葉っぱを付けたい」「花びらを耳に付けたいな」と言う。そこで，保育者は一緒に園庭へ探しに出掛けた。保育者は「どこにあるかなあ」とゆっくり時間を掛けて歩く。そのうち，フェンスの向こう側にコスモスの花が咲いている場所にたどり着いた。「白がいい？ピンクがいい？」と保育者が聞くと，A児はピンクを選

写真４-3-3　どこにあるかな

び，保育者が数枚そっと手のひらにのせた。A児は，そばにある葉っぱも1枚摘んだ。

　テラスに戻ると，A児は木工用ボンドでウサギの耳に花びらを，体に葉っぱを付けた。

写真4-3-4　ウサギ（A児作）

写真4-3-5　ウサギ（保育者作）

1. 解　説

1）場づくりへの思い

　写真4-3-4と4-3-5は，A児（4歳）と保育者が作った動物である。

　保育者は，遊びの場を，園庭からもよく見えるテラスにつくった。「落ち着いて製作できる場」でもあり，「材料を探しに行きやすい場」でもあった。

2）自然物をくっつける道具は、部屋にあったセロハンテープ

　保育者は，A児が秋の本を見ながら，自分なりに作りたいもののイメージを育んでいる，ととらえていた。そこで，製作が思い通りにいかないA児が，自分で適当な道具を探せるように寄り添った。A児がセロハンテープを思いついたのは，日頃の経験，また保育室が近くにあることで道具を思い出しやすく，探しに行く意欲が高まったからではないだろうか。テラスは，子どもや保育者にとって「保育室にある必要な物を取りに行きやすい場」であった。

3）自分のイメージする花と葉っぱを園庭に探しに行く

　保育者は，自然物の特性への気付きやその子なりのイメージを大事にするために，「何を作ろうかな」と一緒に考える時間をもったり，A児のそばで楽しんで作ったりした。また，「お庭に，花や草もあるよ」と声を掛けたことは，松かさやドングリ以外の自然物を想起させ，A児が作りたいウサギのイメージを豊かにするきっかけになったと思われる。さらに，保育者は，A児のイメージを膨らませるために敢えて寄り道をして花を探した。その結果，テラスと園庭がつながり「イメージを実現できる場」となった。その他，テラスでは，「木漏れ日スペース」にすのこが敷かれ，はだしで図鑑や絵本を見られる場（写真4-3-6），衣装を着て園庭に出掛ける遊び（写真4-3-7）や階段や砂の坂を利用したドングリ転がしが同時に繰り広げられていた（写真4-3-8）。

写真4-3-6 はだしでどうぞ①

写真4-3-7 変身して園庭へ②

写真4-3-8 ドングリ転がし③

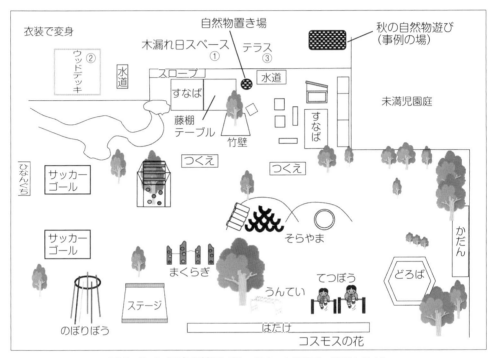

図4-3-1 園庭環境図 （①〜③は，上記写真の場所を示す）

2．領域のねらいと内容との関わり

本事例の子どもの姿を，主に領域「環境」，領域「表現」の側面からとらえてみよう。

領域「環境」については，主に，ねらい「（2）身近な環境に自分から関わり，発見を楽しんだり，考えたりし，それを生活に取り入れようとする」[1] が関連し，内容「（2）生活の中で，様々な物に触れ，その性質や仕組みに興味や関心をもつ」[1] や「（3）季節により自然や人間の生活に変化のあることに気付く」[1] ことを，様々な自然物や道具の特性をとらえることで経験している。

領域「表現」については，主に，ねらい「（2）感じたことや考えたことを自分なりに表現して楽しむ」[2] が関連し，内容「（5）いろいろな素材に親しみ，工夫して遊ぶ」[2] ことを，使いやすい道具やイメージに合った自然物を選び，直接触れながら試行錯誤することで経験している。

なお，本事例では日案のねらいが「自然物の特徴について言葉で伝え合ったり，見立てたりして

遊びを楽しむ」であったことから，保育者はねらいに応じた援助を行い，領域「健康」では，楽しんで取り組む経験，領域「言葉」では，考えたことを言葉で伝える経験，領域「人間関係」では，保育者と共に過ごす喜びを感じる経験もしていると思われる。領域とは子どもの「発達を見る側面」であり，子どもは遊びの中で，総合的に体験を積み重ねている。

このように，総合的な体験を積み重ねた子どもたちが小学校に就学した際には，教師は「幼児期の終わりまでに育ってほしい姿を踏まえた指導を工夫することにより，（中略）児童が主体的に自己を発揮しながら学びに向かうことが可能となるように」[3] 支援していく。

本事例は 4 歳児であったが，5 歳児で様々な道具や材料を組み合わせて作ったり，友だちと思いを伝え合いながら作ったりする経験を通して，小学校 1 年生での合科的な授業につなげることができる。例えば，算数科「かたちあそび」で，身のまわりにある自然物等を，形としてとらえて仲間分けする活動と，図画工作科「ぺったん　コロコロ」で様々な形の物に絵の具を付けてスタンプをして楽しむ活動を組み合わせて展開することも考えられよう。

乳幼児期の子どもの興味・関心を大事にしながら，その後どのようなことに活かされ，生きる力を育んでいけるのか，見通しをもった保育を意識することも大切であろう。

3．自然の中での遊びとインクルーシブ保育

本事例のように，自然が豊富で子どもの興味・関心に応じた多様な関わり方ができる園庭では，全ての子どもが尊重され，それぞれの保育ニーズを満たすインクルーシブな保育が可能であろう。

例えば，多種多様で常に変化している自然物は，一人一人の興味・関心に細やかに応じることができ，遊びを生み出しやすい。キンモクセイの香りを気に入った子どもが花びらで香水を作る，バーベキューごっこで石を肉に見立てる，土を丸めたい子どもが泥粘土を選んで使う，乾燥した葉を細かくちぎり，ご飯のふりかけに見立てる，というように，子どもがそれぞれの遊びを展開しながらも，誰もが程よい距離感で共に育ち合うことができると考える。

引用文献

1）文部科学省『幼稚園教育要領』（第 2 章 環境），2017.
2）文部科学省『幼稚園教育要領』（第 2 章 表現），2017.
　＊1），2）は，『保育所保育指針』『幼保連携型認定こども園教育・保育要領』にも同様の記述がある。
3）文部科学省『小学校学習指導要領』（第 1 章，第 2，4），2017.

参考文献

河邉貴子『遊びを中心とした保育』萌文書林，2009，p.166.
小山　望・太田俊己・加藤和成・河合高悦『インクルーシブ保育っていいね　一人一人が大切にされる保育をめざして』福村出版，2014，p.29.
秋山宏次郎監修『保育で取り組むSDGs』新星出版社，2022，p.7.

実践編5　園庭遊び その2

5-1　砂場の遊び

1．素材に親しみ工夫して遊ぶ

　砂場は，乳幼児期の子どもが大切な体験を行えるとともに，自由で創造的な遊びを1人でも，仲間と一緒でも繰り返し楽しめる豊かな学びの場である。子どもは，砂，水の感触を手指や素足で感じたり，小枝や道具等を用いたりしながら遊びを創り出す面白さを味わっている。遊びの中で，試したり，工夫したり，イメージを共有し協同して遊ぶ姿から子どもの育ちをとらえていく。

1）乳児の育ちと保育者の援助

　就学前施設（幼稚園・保育所・認定こども園をいう）では，子どもたちが，様々なものに関わりながら遊んでいる。乳児期の子どもは，安全で，安心して過ごせる環境の中で，身近な人やものと関わりをもちながら発達を遂げていく。身体的・社会的・精神的発達を培う時期であるため，保育所保育指針において乳児保育の3つの視点が示され，精神的発達に関する視点として「身近なものと関わり感性が育つ」[1] と示されている。ねらいには「② 見る，触れる，探索するなど，身近な環境に自分から関わろうとする」[1] こと，その内容には，「② 生活や遊びの中で様々なものに触れ，音，形，色，手触りなどに気付き，感覚の働きを豊かにする」[1] ことが明示されている。ものに触れる時，温かさや冷たさといった温度の違いの他に，つるつる，ザラザラ，ベトベト，ふわふわ等の質感を感じている。砂との関わりに着目すると，乾いた砂を触った時の感触は，サラサラしており，水を少し加えるとザラザラの感触に変化する。

　また，太陽の日差しによって砂の表面が熱くなることもあれば，穴を掘った底の砂はひんやりと冷たさを感じることもある。このように，様々な感触を味わえる砂場では，0歳児から遊びを楽しむことができる。砂に自ら手を伸ばし，握ったり，落としたりしながら手触りを味わい，心地よさ

写真5-1-1　砂の感触を味わう

を感じたり，不快に思ったりしながら触った時の感覚を繰り返し試している。砂の感触から興味や好奇心が生まれ，遊びながら自然に感性が育っていくのである。

　事例1は，保育者の膝の上で安心して遊ぶ0歳児と，砂に触る手本を見せた1歳児の様子である。保育者のゆったりとした心地よい雰囲気と，砂で楽しそうに遊んで見せた1歳児の様子が，0歳児の「砂に触ってみたい」という好奇心をかき立てる場面であった。

事例1　安心できる場で，砂の感触を試す（0，1歳児・12月）

　　0歳児のA児は，保育者の膝の上に座り，抱っこされたまま，保育者がシャベルで砂をすくったり，皿に入れ型抜きをしたりする様子を見ていた。保育者が，「サラサラサラ〜」や「トントン，トントン」等，自分の動きに合わせて擬音語で話し掛けると，ニコニコと笑顔でうれしそうに見ていた。そこに，1歳児のB児が加わった。B児は砂の上にお尻をつけて座り，保育者が砂をすくう様子を見ていた。保育者が型に入っている砂を返し，「パカッ！」とカニの型抜きをすると，砂のカニにA児は少し驚いた表情をしていた。B児は砂のカニに手を伸ばして，そぉーっと指で触った。ツンツンと指先で何度も触りながらA児を見てにっこり笑った。すると今度は指先ではなく手のひらでギュッと砂を押した。そして，砂の付いた手のひらをA児に見せるように広げるとにっこり笑った。A児はB児の手と，潰れて形が無くなった砂を交互に見て不思議そうにしていたが，「あれ？　カニさんいなくなっちゃったねー」と保育者が優しく言葉を掛ける，B児と一緒にA児もにっこり笑った。保育者が再度型を抜くと，今度はA児も5本の指先でツンツン砂のカニに触り，B児がやったように触ったり指を離したりしながら遊び始めた。その後のA児は，自ら砂を握っては落とす，を繰り返し，砂の感触を味わっていた。時々，手を止めて，砂がたくさん付いた手のひらを保育者とB児にうれしそうに見せて，満足するまで砂遊びを楽しんだ。

2）砂と道具を組み合わせて見立て遊び

　砂場は，だんご屋さんごっこ，ケーキ屋さんごっこ，工事現場ごっこ等，見立て遊びの宝庫である。子どもは，砂という素材を自由に使いながらイメージを膨らませていく。さらに，砂は，水や道具，自然物を組み合わせることによって，より子どもの表現行為が広がり他者とのイメージの共有がしやすくなる効果もある。就学前施設では，子どもが興味をもって素材や道具と関わることができるような環境づくりが必要であり，安全面に考慮しながら，生活経験や発達に応じ表現する意欲を十分に発揮させることができるように，道具や用具を構成していくことが大切である。領域「表現」のねらいに「③生活の中でイメージを豊かにし，様々な表現を楽しむ」[2]ことが示されていることからも，遊びの場においてものや道具を限定した用意の仕方ではなく，子ど

写真5-1-2　山が顔になった

写真5-1-3　へんてこ山

もが自分からものと出会い，工夫して扱ったり，試したりすることをためらわずに遊べる環境の構成が望ましい。また，他児の表現にも触れられるような配慮や環境構成の工夫もしたい。写真5-1-2，5-1-3，次の事例2は，領域「表現」の視点からとらえた子どもの姿である。

　写真5-1-2は，保育者が作っていた山に，3歳児がカップを目に，シャベルを口に見立てて山に顔を作っている。写真5-1-3は，顔ができたことを面白がり，砂場の道具を次々に用いて，手や洋服に見立ててイメージを膨らませて遊んでいる。事例2のA児（3歳児）は4歳児が以前にやっていたレストランごっこをまねして，砂と道具を組み合わせながら，見立て遊びを楽しむ様子である。

■ 事例2　レストランごっこ（3歳児・9月）

　C児がバケツの中の砂をザルに入れ，赤色のスコップで砂を混ぜ始めた。「まぜまぜするとおいしくなりまーす」と声を弾ませ，体を左右に揺らしながら，1人でレストランごっこを楽しんでいた。途中で青色のスコップに持ち替え「こげないように」とつぶやきながら数回混ぜた後，「次はこれで」と言いながら，バケツから砂をすくって入れ始めた。2～3回すくうとスコップを両手に持ち，両方の手を動かしながら，「もうすぐできますよー！　レストランに食べに来てくださーい」と周囲の友だちや保育者に呼び掛け始めた。

写真5-1-4　もうすぐできますよー！

3）イメージや思いを伝え合いながら遊ぶ

　4歳頃になると，友だち同士で会話をしながら，一緒に山や池を作る姿が多く見られるようになる。自分の思いや経験を伝えたり，友だちの話を聞いたりしながら，友だちとのつながりを感じ，楽しむことができる。「穴を掘って池を作りたい」という目的に向かい，夢中になってスコップで穴を掘り始めていく。「もっと深くしたほうがいいよ」「1回水を入れてみたらどうなるかな？」「こっちにも掘るからつなげてプールみたいにしよう」と互いのイメージや思いを言葉で伝え合う。十分に協力関係はまだ築けないが，同じ目的をもった友だちと想像力を発揮しながら，遊びをどんどん膨らませて，主体的に砂場の遊びを展開していくのである。

　このように，友だちと関わり親しみをもって接する中

写真5-1-5　大きい池を作ろう

で，領域「言葉」のねらい「② 人の言葉や話などをよく聞き，自分の経験したことや考えたことを話し，伝え合う喜びを味わう」[3]に示されている姿が多々見受けられる。自分の感情や意志等を言葉で伝え，それに相手が応答していく。砂場の遊びは，言葉が次第に獲得されていく場であるといえるだろう。

4）協同して遊ぶ　*（ ）内は，主な関連する領域

　写真 5-1-6 は，5歳児が砂場で作ったダムから水を放流し，園庭に水が流れていく状況を「川の工事現場ごっこ」と設定し，イメージを共有して水路づくりを協同している。写真 5-1-7 は，撮影した写真を帰りの会のリフレクションで遊びを振り返り，クラスで話し合っている様子である。

　協同して遊ぶ姿を 5 領域全ての視点でとらえてみよう。塩化ビニール管や雨どい，ペットボトル，木片，バケツ，ホース等，様々な道具を巧みに使って（環境），山，トンネル，ダム等を作り（表現），友だちと協力しながら（人間関係），ダイナミックに遊ぶ（健康）のは，5歳児ならではの姿である。運動能力や道具を使いこなす技能を発揮し（健康），これまでの遊びの経験を活かして仲間と協力し合い，共通の目的をもって遊び（人間関係）を楽しむことができる。アイデアを出し合い，意見を調整しながら（言葉）作業を分担して遊びを進めていく等，工夫して遊ぶ姿も見られる。また，砂と水の性質にも関心をもち，分量や高低差等の法則の発見を喜び（環境），試行錯誤（表現）しながら遊びを楽しむ充実感を味わうのである。

写真5-1-6　そっちに水が流れていくからね　　　　**写真5-1-7　保育室にてリフレクションの様子**

引用文献

1）厚生労働省『保育所保育指針』〔第2章1（2）ウ〕，2017.
2）厚生労働省『保育所保育指針』〔第2章3（2）オ〕，2017.
3）厚生労働省『保育所保育指針』〔第2章3（2）エ〕，2017.
　＊1）は『幼保連携型認定こども園教育・保育要領』に同様の記載がある。
　　2），3）は，『幼稚園教育要領』『幼保連携型認定こども園教育・保育要領』に同様の記載がある。

実践編5　園庭遊び その2

5-2　鬼遊び

鬼遊びとは，「オニ役とコ役が『追う―逃げる』という役割を演ずることで展開される」[1] ルールのある遊びである。就学前施設（幼稚園・保育所・認定こども園をいう）では，かくれんぼ，高鬼，氷鬼等，多様な鬼遊びが展開される。歩けるようになった子どもは保育者に追われるとうれしそうに逃げ，捕まえられると安心した表情を見せることがある。このような応答的な保育者とのやり取りは鬼遊びの萌芽を育む。ルールのある遊びの成立には参加者同士によるルールの理解が必要であるが，それが難しい3歳児でも，役割を演ずることがルールを理解する手掛かりとなり，鬼遊びを楽しむようになる。

▌事例1　先生と一緒に追い掛けて（3歳児　10月）

　バナナ鬼をしている4歳児と一緒に走り回るが，捕まった後も逃げ続ける姿が見られた。そこで保育者はより単純なルールの「おおかみさん」をやることにした。集まった子ども5人に保育者が「先生と一緒に狼役をやりたい人いる？」と聞くと，A児が「やる！」と言った。保育者はタブレット端末で「おおかみさん」の音源を流し，狼のセリフに合わせ，A児と一緒にシャツを着るふりをした。「さあ，人間を食べに出かけよう」と狼のセリフが流れると，保育者はコ役の子どもに「ほら，逃げて」と声を掛け，オニ役のA児と手をつなぎコ役の子どもを追い掛けた（写真5-2-1）。曲が終わると，捕まったB児は「もうA児ちゃんとは遊ばない」と言い，A児以外の子どもと話し始めた。A児が泣き出したため，保育者は「B児ちゃんは終わりにしたいの？」「A児ちゃんはどう？」とそれぞれの思いを確かめ（写真5-2-2），その日は「おおかみさん」を終えることにした。

写真5-2-1　あっちにいるよ

写真5-2-2　先生に寄り添われて

事例2　仲間と一緒にイメージの世界を楽しみながら（4歳児・11月）

　いつも一緒に遊んでいる6人が集まりバナナ鬼のオニ決めを始めた（写真5-2-3）。C児がオニ役に決まると他の子どもは一斉に走り出した。オニ役のC児にタッチされたD児は両手を上げてバナナの形に固まり「助けてー」と叫んだ。コ役のE児はオニ役のC児がD児の側にいないことを確認すると急いでD児にタッチをし（写真5-2-4），D児は「ありがとう」と走り始めた。しばらくしてC児が「別の遊びがいい」と言うと，E児はD児に「えー，まだやるよね」と言い，D児は「そうだよね」と大きくうなずいた。C児が「じゃあ，2人はバナナ鬼すればいいよ」と言うと，E児とD児が「えー」と不満そうにした。少し離れた場所で様子を見守っていた保育者は子どもの側に行き「別の遊びって？」と質問した。C児が「ドラキュラ鬼，捕まったらゾンビになる」と身振りを交えて説明し始めると，それまで黙っていたF児が「こわーい」と言い，他の子どもも「こわーい」と口々に言い出した。保育者が「怖そうだね」とE児に話し掛けると，反対していたE児も「ゾンビは倒れるってことね」と言い，全員でドラキュラ鬼をすることになった。

写真5-2-3　オニは誰かな

写真5-2-4　助けに来たよ

1．解　　説

1）3歳児の育ちと保育者の援助

　保育者との一対一の情緒的な信頼関係を基盤とし，仲間に関心をもち一緒に遊ぼうとする[2]。事例1のように子どもが保育者と手をつなぎ行動することは，信頼する保育者を仲立ちに他児と遊ぶ楽しさを味わう経験となる。この時期の子どもは個の欲求が中心的[2]なため，B児のように一方的に自分の要求を伝え，もめることがある。保育者は子ども一人一人に寄り添い，子どもが思いを言葉や身振りで表現することを支え，言葉にできない思いを読み取って代弁する。

　事例1の「おおかみさん」は，曲に合わせてふりを演じる前半と「追う―逃げる」の後半で構成され，役割の理解を助ける前半があることで遊びが比較的スムーズに行われる。曲を用いた鬼遊

びは，あぶくたった，ロンドン橋，むっくり熊さん等，複数あるので，それらの曲を情報機器に入れておき，鬼遊びの導入時に活用すると遊びの流れを聴覚的に明示できる。また役割をイメージしたお面等の小道具は子どもが役割を理解する視覚的な手掛かりとなる。

2）4歳児の育ちと保育者の援助

仲のよい遊び仲間であればイメージを共有し目的の実現に向かって協働し合えるようになるため，子どもだけでオニ決めをしたり，遊び方を話し合ったりするようになる[2]。事例2の話し合いではC児とD児・E児の欲求が対立していたが，保育者は仲のよい遊び仲間であることを了解していたため，すぐに話し掛けず見守っていた。そして子どもだけでは合意することが難しいと判断した保育者はC児のイメージを引き出す質問をしたり，E児に新たな遊びの面白さを伝えたりして仲立ちをし，言葉による伝え合いを支えていた。

事例2のように，バナナ鬼のような既存の鬼遊びの経験を積み重ねると，「追う―逃げる」を基本としつつ，仲間で独自の状況設定を考え出し，子どもなりのイメージの世界を楽しむようになる。保育者は遊びのイメージがさらに広がるよう，普段からイメージの豊かな絵本を読み聞かせたり，保育者がイメージを提案したりする等して，遊びの展開を支える。

3）5歳児の育ちと保育者の援助

ルールを守り合うといったメンバー間の協働が可能になり，仲間と新たなルールや遊び方を創造することを楽しむようになる[2]。仲間でルールを確認しながら遊びを進め，公平さからルール違反をした仲間には抗議し，仲間意識の高まりから遊びを抜ける際は仲間の了解を得る。保育者は子ども同士で自由に意見を出し合える場や時間を用意し，子どもだけで話し合いを進めることが難しい場合は必要に応じて司会者的な役割を担う。

写真5-2-5　追う－逃げる

体の動きが滑らかで巧みになると，走りながら段差を超えたり，遊具の間をすり抜けたりするようになる（写真5-2-5）。そのような動きやルール違反等によって危険を伴う遊び方になることがある。保育者は，子どもが遊びを振り返る中で危険な場所や遊び方に気付き，どうすれば楽しく安全に遊ぶことができるかを考え，自分たちでルールや遊び方を決めていけるよう援助する。その際，子どもの発達は個人差が大きいことから，保育者は全員が楽しめる遊び方やルールになるよう配慮する。

2．領域のねらいと内容との関わり

鬼遊びは3歳以上児に多く見られる遊びであることから，ここでは幼保連携型認定こども園教育・保育要領の満3歳以上の園児のねらい及び内容との関わりを示す。

まず領域「人間関係」から子どもの姿をとらえると，内容に「（1）保育教諭等や友達と共に過

ごすことの喜びを味わう」[3]とあるように，事例1の保育者と手をつないでオニ役をやったA児は保育者と共に過ごすこと，事例2のC児らは友だちと共に過ごすことの喜びを味わっていたといえる。また仲間と一緒に新たなルールや遊び方を創造する過程では，領域「言葉」の内容「（3）したいこと，してほしいことを言葉で表現したり，分からないことを尋ねたりする」[3]や領域「表現」の内容「（8）自分のイメージを動きや言葉などで表現したり，演じて遊んだりするなどの楽しさを味わう」[3]にあるような子どもの姿をとらえることができる。さらに鬼遊びを面白くするために子ども同士でオニ役とコ役の人数を数えたり，比べたりすることがあるが，これは「環境」の内容「（9）日常生活の中で数量や図形などに関心をもつ」[3]のような経験にあたる。このように子どもは鬼遊びの中で各領域の内容を総合的に経験している。

3．小学校教育とのつながりを意識した運動遊び

　幼児期の運動遊びは，児童期以降の運動機能の基礎を形成するだけでなく，複数の友だちとの関わりを通して，コミュニケーション能力，やる気や集中力，社会性や認知的能力等を育む。2012（平成24）年策定の『幼児期運動指針』では，幼児期の運動のあり方として「① 多様な動きが経験できるように様々な遊びを取り入れること，② 楽しく体を動かす時間を確保すること，③ 発達の特性に応じた遊びを提供すること」[4]が示され，幼保連携型認定こども園教育・保育要領でも領域「健康」の内容の取扱い（2）に「（前略）多様な動きを経験する中で，体の動きを調整するようにすること」[3]と示されている。つまり，保育者は子どもの発達の特性に応じた多様な動きを含む遊びを子どもに提供することが求められている。

　鬼遊びは多数あり，ルールを柔軟に取り決めることによって，遊びに参加する子どもの発達の特性や人数，遊び場の状況に対応する特徴がある。また鬼遊びには，歩く，走る，よける等の動きが含まれ，役割を演じる面白さがあることから，子どもは楽しみながら繰り返し鬼遊びをする中で多様な動きを総合的に経験することになる。保育者は，幼児期における運動遊びの経験の積み重ねが小学校以降の運動を楽しむための基盤を育成することを理解して，このような特徴をもつ鬼遊びを幼児期の運動遊びのひとつとして積極的に取り入れていきたい。

引用文献

1）小川博久『遊び保育論』萌文書林，2010，p.177.
2）岩田純一『子どもの友だちづくりの世界 個の育ち・協同のめばえ・保育者のかかわり』金子書房，2014，pp.2-11.
3）内閣府等『幼保連携型認定こども園教育・保育要領』（第2章 第3 ねらい及び内容），2017.
　＊『幼稚園教育要領』『保育所保育指針』にも同様の記述がある。
4）文部科学省 幼児期運動指針策定委員会『幼児期運動指針』，2012.

撮影協力園

社会福祉法人 ゆうゆう 幼保連携型認定こども園 すみよし愛児園

実践編5　園庭遊び その2

5-3　動植物との関わり

▎事例1　幼虫と子どもたち（1）（5歳児，3歳児・7月）

　テラスのプランターで育てている「カブ」の葉にたくさんのアオムシがいるのを5歳児たちが発見。「大変だ！カブが食べられてる！」とプランターに顔を寄せ合っている。その様子を少し離れたところから3歳児クラスのA児とB児が見ていた。

　しばらくして，年長児たちがいなくなると3歳児の2人組はプランターに近づいてアオムシを探していた。なかなか見つからないようだったので，保育者がアオムシのいる場所を伝え，少ししてから手に取り，彼らに見せたところ，手の上を歩くアオムシを見て「きゃー！」と2人で声をそろえて後退りをした。

写真5-3-1　手の上を歩くアオムシ

　しかし，保育者の手のひらから指先まで歩くアオムシを見るために2人で手をつないで近づいてくる。その時にA児は「噛まないから怖くない！」と自分に言い聞かせるようにして言葉にし，B児の手をぎゅっとつかんでいた。

　A児が「怖くない！」と言うとB児も「怖くない！」と，A児が「かわいい！」と言うとB児も「かわいい！」と繰り返していた。

　保育者がアオムシをカブの葉に戻すと，今度は2人でプランターに近づいていき，指先でそっとアオムシを撫でようとしつつ，「きゃー！」と声を合わせながら，遊ぶ姿が見られた。

1．事例1の解説

1）子どもたちと生き物の出会い

　幼稚園教育要領や保育所保育指針等において，子どもたちの発達の特徴を踏まえた保育のねらい及び内容のひとつとして，身近な環境との関わりに関する領域「環境」では次のように示されている。

環境

周囲の様々な環境に好奇心や探究心をもって関わり，それらを生活に取り入れていこうとする力を養う。

1　ねらい

（1）身近な環境に親しみ，自然と触れ合う中で様々な事象に興味や関心をもつ。

（2）身近な環境に自分から関わり，発見を楽しんだり，考えたりし，それを生活に取り入れ
　　　ようとする。

（3）身近な事象を見たり，考えたり，扱ったりする中で，物の性質や数量，文字などに対す
　　　る感覚を豊かにする。

出典）文部科学省『幼稚園教育要領』（第2章 環境），2017.
　　　＊『保育所保育指針』『幼保連携型認定認定こども園教育・保育要領』にも同様の記述がある。

そして，これらの「ねらい」を実現するための「内容」の中に次の2つが示されている。

（1）自然に触れて生活し，その大きさ，美しさ，不思議さなどに気付く。

（5）身近な動植物に親しみをもって接し，生命の尊さに気付き，いたわったり，大切にした
　　　りする。

出典）文部科学省『幼稚園教育要領』（第2章 環境），2017.
　　　＊『保育所保育指針』『幼保連携型認定認定こども園教育・保育要領』にも同様の記述がある。

　私たち大人は生活の中で小さな生き物たちを「望ましくないもの」として排除することもある。
しかし，保育の場がそうしないのは，子どもたちの発達を支える体験として，このような「ねら
い」と「内容」が実現できるような環境を大切にしているからである。

2）5歳児と身近な動植物

　事例に出てくる，みんなで育てている「カブ」も，そこにやっ
てきて生きる「アオムシ」も5歳児の子どもたちにとっては，
身近な動植物となっている。「カブ」を育てることは，小さな種
から芽を出して育っていく不思議さや，自分たちの手で育てて
いくことの面白さ，それを食べる喜び等につながっていく。また，
「アオムシ」が自分たちの育てている大切な「カブ」の葉を食べ
てしまう生き物であることを知る。年長児ともなると，そこから

**写真5-3-2　みんなで育て
ている「カブ」**

「カブ」と「アオムシ」の扱いを考えたり，解決しようとしたりしながら動植物との関わりを深め
ていく。

3）3歳児と身近な動植物

　一方，3歳児クラスの2人にとって事例の体験は，どのような意味があったのだろうか。保育者
が「大丈夫だよ，怖くないよ」とは言わなくても，子どもたち自身が自ら「噛まないから怖くな

い！」と自分に言い聞かせ，なんとか「アオムシ」に触れようとする。保育では「アオムシを触ることができたか，できなかったか」ということではなく，「アオムシに触ろうとする」という意欲をもつ姿を大切にする。それは，子どもたちが保育の中でこれから様々な身近な生き物に出会うことを繰り返す中で，その体験を自分たちの生活に取り入れようとする力が育つことを大切に考えているからである。

■ 事例2　幼虫と子どもたち（2）（4歳児・8月）

　この事例はA児とB児の1年後の事例である。

　幼虫が好きなC児（4歳）が，園庭で捕まえたコガネムシの「幼虫ちゃん」を容器に入れてテラスで見ている。そこにA児とB児がやってきて，C児が手のひらに載せていた幼虫を容器に入れると，それを指先で触ろうとする。A児もB児も指先が幼虫に触れるとすぐに指を引っ込める。

　C児「なんでみんなは怖いの」

　B児「だってさ，噛むと怖いから」

　C児「噛むと怖いの？」

　A児「うん」

　C児「Cちゃんは噛まれても大丈夫だよ」

　ここでC児は幼虫をもち，自分の指を幼虫の

口に近づける。幼虫はC児の指を噛む。

写真5-3-3　噛まれても大丈夫

C児「そんなに痛くないんだよ」と言いながら幼虫を容器に戻す。

C児「幼虫ちゃんはね，自分で潜れるんだよ。ね，自分で穴を掘ってるでしょ」

　A児とB児は顔を近づけて幼虫が土に潜る様子をじっと見て，そして2人は幼虫を指先でそっと触ってから「もうふたしてあげれば」とC児に言った。

■ 2．事例2の解説

1）身近な生き物と出会い直しながら育つ子ども

　事例2では，3歳時の7月に「アオムシ」に出会った2人が，1年後の8月に同じように他者の興味・関心に刺激を受けて「幼虫ちゃん」に出会う。

　領域「環境」のねらいには前述したように「（1）身近な環境に親しみ，自然と触れ合う中で様々な事象に興味や関心をもつ」というものがある。ここで大切なのは「身近な環境」をどのようにとらえるかである。園庭に草が生えている場所や，花や野菜を育てているプランターや菜園は，自然に小さな虫たちが生活する場所になっていく。そして，その場所は，子どもたちが自分で見て，自分で触れることを通して興味・関心を深めることのできる身近な環境となる。

　A児（3歳）とB児（3歳）は年長児と共に，身近な生き物（アオムシ）と出会った。1年後に今度は同じクラスのC児が「幼虫」と関わる姿に影響を受け，身近な生き物に出会うことになる。このように身近な自然の生き物との関わりは，子どもの成長と共に変化し，新たな関係を結び直す機会にもなる。

　領域「環境」が示す「身近な環境に親しみ」とは，単に自然に触れたり，慣れ親しんだりするということだけではない。子どもたちは事例のように，繰り返し身近な自然に出会うことを通して「面白いな」「不思議だな」といった対象への興味や関心を深めていくことも含まれている。

　最後に2人が言った「もうふたしてあげれば」という言葉は，前述の領域「環境」の内容に示されている「身近な動植物に親しみをもって接し，生命の尊さに気付き，いたわったり，大切にしたりする」につながっている。

2）身近な生き物との関わりを通して育まれるもの

　3歳児クラスの時の2人は「アオムシ」を見て「わー！　きゃー！」と身体の動きを通してその時の気持ちを共有していた。このような姿は，感性と表現に関する領域「表現」のねらい「（2）感じたことや考えたことなどを自分なりに表現をして楽しむ」[1]を実現しているといえる。

　4歳児クラスに進級してしばらく経った2人は，「言葉」を道具にして自分の気持ちを表現するようになっている。ここでは言葉の獲得に関する領域「言葉」のねらいを実現する内容としての「（2）したり，見たり，聞いたり，感じたり，考えたりしたことを自分なりに言葉で表現する」[2]という姿につながっている。この時期の子どもたちは自分の心が動かされるような体験をした時に，それを誰かに伝えようとする。ここでは身近な自然（生き物）との関わりを通して心が動かされている。

　このような子どもたちの意欲は，身近な生き物と子どもたちが繰り返し関わることで培われる。身近な生き物は子どもたちの関わりに対して言葉では応答をしないが，子どもたちのありのままの働き掛けに生き物としての反応を示す。そんな小さな生き物たちとの関わりは，子どもたちが身近な環境に親しみ，大切にしたいという気持ちだけではなく，「なんでだろう」「どうしてだろう」というような科学的な見方や考え方の芽生えを育むことにもつながっている。

引用文献

1）文部科学省『幼稚園教育要領』（第2章 表現），2017.
2）文部科学省『幼稚園教育要領』（第2章 言葉），2017.
　＊1），2）は，『保育所保育指針』『幼保連携型認定こども園教育・保育要領』に同様の記述がある。

参考文献

井上みちこ・無藤 隆・神田浩行編著『むすんでみよう子どもと自然』北大路書房，2010.
大豆生田啓友編著『子どもと自然』学研教育みらい，2022.

実践編6　片付けから昼食

6-1　一人一人が心地よい食事の時間

事例1　おいしい，うれしい，おなかいっぱい！（0歳児クラス・7月）

──給食のおいしそうな匂いが保育室中に漂っている。はじめの子どもが食事をしている間，残りの子どもたちは引き続き遊んでいる。先に食事をしていた子どもが食べ終えると，担当の保育者と一緒に午睡用のコットへ向かう。次に食事介助をするW保育者が隣の調理室へ食事を取りに行き，テーブルに用意すると，遊んでいるA児に声を掛けに行く。──

　1歳3か月になったA児が，W保育者と手をつないで，笑顔で食事スペースまで歩いてくる。目線より少し高いテーブルの上をのぞき込み，W保育者に優しく抱かれて膝の上に座る。W保育者が「おいしそうだね～」と言いながら，A児にエプロンをつける。「はい，お口拭くよ～。おてて拭こうね～。いただきます」A児は両手を合わせると，一口サイズのおにぎりをつかんで頬張る。飲み込んだのを確認し，W保育者がおかずを乗せたスプーンをA児の口の前に持つ。A児は大きい口を開け，身体を前に傾けておかずを口に含むと，身体を後ろに戻す。おかずを飲み込むと，次はおにぎりに手を伸ばし，つかんで食べる。自分が何を食べたいか，指で差して訴える。A児はおにぎりを頬張ると，W保育者の顔を見上げ，うれしそうに微笑む。

　少しすると，A児がつかんだおにぎりを，W保育者の口元へと差し出す。「くれるの？　ありがとう～うれしい。ふふ，Aちゃん食べていいよ。もぐもぐ」　W保育者が笑顔で言うと，A児は口の中のおかずを飲み込んだところで，手に握ったおにぎりを自分の口に入れた。

　やがて，A児が背中をのけ反ったり，周りを見渡したりし始める。W保育者はおかずを一口，A児の口に運んでから「もういらない？」と尋ねる。A児はまた身体を反らせる。「ごちそうさましようか。お茶どうぞ」A児はコップを両手で持ち，麦茶を飲み干すと「プハ～！」と言ってW保育者を見る。口と手を拭き，エプロンを外す。W保育者の「ごちそうさまでした」の声と添えられた手に誘われ，A児は両手を合わせる。満足そうな様子でW保育者に抱かれ，午睡のエリアへと向かった。

写真6-1-1　次はあれが食べたい

写真6-1-2　おいしいね

▌事例１の解説

　この園では，離乳食を開始してしばらくの間，保育者が子どもと一対一で食事の援助をする。腰が据わるまでは，姿勢を安定させるため，保育者の膝の上で腰と背中を支えられて食事する。身体の発達を見ながら，一人で椅子に座って食事をするようにしていく。

　離乳食の間，一対一で食事の援助をするのは，一人一人の咀嚼（そしゃく）や嚥下（えんげ），嗜好（しこう），食べる意欲等を細やかに感じ取り，丁寧な介助・援助をするためである。実際，事例中のA児と保育者のやり取りを見ていると，A児の「これを食べたい」「これは食べたくない」という思いや，先生に食べさせてあげたいという思い，先生と食事の喜びを分かち合っている様子等，A児にとってもW保育者にとっても心地よい食事の時間となっていることがわかる。

　また，事例１で，A児が背中をのけ反ったり，周りを見渡したりし始める場面がある。このような意思表示について，W保育者は「たまに自分で，こうやって手ぱっちんしたりとか，お茶を指差したりとか。そういうしぐさが出てきたら，Aちゃんの気持ちがもう満たされてきてるのかなって，感じるようになって。Aちゃんの性格というか，結構自分の意志がしっかりあって強い子なので，…できればAちゃんの気持ち，そこの思いを大事にやりたいなと…」と語っている。1歳の子どもであっても，食事を終えるタイミングについて思いがあり，それを伝えようとする姿がある。そうした思いの表出を保育者が丁寧に受け止め，心地よい食事の終わりにすることも，その子の主体的な食事，心地よい食事の時間を支えているのであろう。

▌事例２　おいしい，楽しい，おなかいっぱい！（２歳児クラス・５月）

　──食事の時間が早い子どもたちの食事中，後半で食事をするB児とA児は，お母さんと赤ちゃんになりきって遊んでいる。C児は，X保育者とトイレへ行く。前半の子どもたちが食べ終わり，コットへ向かう。Y保育者が，テーブルを片付けながら「Bちゃん，Aちゃん，もうすぐごはんになるから，お片付けしてね」と声を掛ける。鏡台に向かって座っていたA児は，振り返ってY保育者を見る。隣のB児も振り返り，「はーい，はいはいはい！」と飛び跳ねる。C児はトイレから戻り，自分の席に座る。B児とA児はX保育者と一緒に使っていたものを片付け始める。──

　テーブルに３人の食事が並べられ，C児が一番に自分の席に座り，エプロンをつける。A児も自分の席に座る。Y保育者は席についた子から手を拭く。片付けを終えたB児も自分の席に座る。手を拭いた子から，各々「いただきます」と言って食べ始める。

　３人全員が食べ始めると，Y保育者が「今日のごはんはね，ごはんと野菜スープとグラタンだって」と今日のメニューを子どもたちに伝える。考え込む表情をしたB児が「あのさ，ねんね…いっぱいねんねしたら，何食べるの？」と聞くので，Y保育者は「おやつ？」と言い，メニュー表を見て「りんごのケーキだって！」と伝える。B児は「やった！」と喜んでいる。A児も「A

ね，りんごケーキ好き」と言い，Y保育者が笑顔でうなずくと，A児もうれしそうにはにかむ。

　3人が食事をしている間，Y保育者は，それぞれ自分で食べていないものを介助用スプーンに乗せ，タイミングを見計らって口元に運ぶ。Y保育者がC児の介助をしている間，B児がA児に「Aちゃん，ごはんはどっちが好き？　スープ？」と聞く。A児は「ふふ」と笑いながら，スープの具材をすくって食べる。B児は「あ，スープだ。考えちゃった！」とはにかみ，ごはんを食べる。2人とも笑顔でおかずを食べる。その後も，3人はY保育者と話したり互いに話し掛けたりして食事をする。

　しばらくして，A児が「食べれなーい」と言った。Y保育者が「食べれない？　もうおしまいにする？」と聞くと，A児は「ううん」と首を左右に振って「あつまれして…」とつぶやく。Y保育者が「あつまれ？　どれを？」と尋ねると，A児はうれしそうにうなずいて「これ」とおかずを指差す。Y保育者は，A児とC児の食事を交互に介助する。少しして，A児がもう一度，身体を左右に揺らしながら「食べれなーい」と言う。Y保育者が「食べれない？どうする，おしまいにする？」と聞くと，「うん，おしまいにする」と言う。Y保育者も「じゃ，お茶飲んで，ごちそうさまでしたってしよう」と返す。A児はお茶を飲み干し，「ぷはー！」と満足そうだ。A児は先生に手を添えられて口を拭き，手を拭く。B児がA児に「パッチンは？」と言う。A児は「パッチン，後でするよ」と答える。そして，両手を合わせて「ごちそうさまでした〜」と言って席を立つ。

　C児も少しして食べ終え，B児もY保育者とのおしゃべりを楽しみながら食事を終えた。

写真6-1-3　考えちゃった！

写真6-1-4　おいし〜い

事例2の解説

　このように，2歳児クラスになると，保育者だけでなく他児とのやり取りも盛んになる。小集団で食事をすることで，保育者だけでなく他児とも食事の喜びを共有したり，いろいろな話題についておしゃべりをして，心の結び付きが生まれる時間となる。

　A児の食事の終わり方も，0歳児クラスの事例1では身体の動きで表現していたが，2歳児クラスの事例2では言葉で伝えていた。Y保育者もW保育者と同様，A児の意思を確認し，その思いを尊重している。お茶を飲み干したA児の満足そうな様子からも，心満たされる食事の時間であったことが窺われる。Y保育者は，もう1名の担任と「一年間，子どもたちが温かい雰囲気で楽しく過ごせるようにしていきたい」と話をしていて，食事についても「楽しい雰囲気で食べられるようにしたい」と語っていた。一人一人の子どものおいしく心地よい食事を大切にしていることが伝わってくる。

▎2．食事場面のねらいと内容との関わり

　これらの実践を支えているのは，どのような保育の考え方であろうか。例えば，保育所保育指針の「第2章 保育の内容 1 乳児保育に関わるねらい及び内容」の「健やかに伸び伸びと育つ」の内容の取り扱いに，次のように示されている。「離乳食が完了期へと徐々に移行する中で，様々な食品に慣れるようにするとともに，和やかな雰囲気の中で食べる喜びや楽しさを味わい，進んで食べようとする気持ちが育つようにすること」。ここに書かれている内容を，まさに事例1から読み取れるのではないだろうか。

　同じく保育所保育指針の「2 1歳以上3歳未満児の保育に関わるねらい及び内容」の領域「健康」の内容の取り扱いにも，「ゆったりとした雰囲気の中で食べる喜びや楽しさを味わい」と示されている。事例2には，B児，A児，C児のそうした様子が存分に現れていた。一緒に食べる子どもの人数が増える分，「ゆったりとした雰囲気」で食事できるように配慮することが大切である。それは，ただ目の前の食事中のやり取りを豊かなものにしようと心掛けるだけではなく，一人一人のおなかのすくリズム，眠たくなるリズムを考慮した時間設定や，少人数の落ち着いた雰囲気での食事を支えるための保育者間の連携，調理室との連携等，組織としての環境設定によってはじめて実現可能となることである。担任の保育者がどのタイミングで休憩に入るか，その間，保育補助に入る保育者とどのように情報共有し，連携を図るかといったことも含まれてくる。こうした連携を円滑にするためにICTを活用している園も増えている。

　保育所保育指針の「3 3歳以上児の保育に関するねらい及び内容」の内容の取り扱いにも，「子どもの食生活の実情に配慮し，和やかな雰囲気の中で保育士等や他の子どもと食べる喜びや楽しさを味わったり…」と示されており，様々な工夫がされている。例えば，食事の時間枠を2時間程度で設け，12時半までに必ず食べ終えるというきまりを子どもたちと確認し，いつ食べ始めるかは子ども自身が決められるようにしている園がある。何をどのくらい食べるかを子どもが自分で決められる園も増えている。子どもが自分で食べ物をお皿によそう際，苦手なものでも一口は食べてみようか，と保育者や調理室の職員が声を掛けて，多様な食材や味に触れられるよう援助している。また，席を固定せず，一緒に食事をする人を子ども同士で決められる園もある。このように，子ども自身が決められることを増やし，主体的に食事を楽しめるような工夫がされている。低年齢児と比べれば生活リズムの違いを個別に配慮する場面は減るが，一人一人のおなかがすくタイミング，遊びの区切りを付けるタイミングは異なる。自分で遊びを終わらせ，食べる意欲を抱いて食事に向かえることで，一人一人の食事が幸せな時間となり，心満たされたものになるであろう。そこに，一緒に食事を楽しめる他児がいるのは，集団で過ごす園ならではの食事の醍醐味でもある。

　食事の時間が豊かになることは，暮らし全体の質を豊かにすることにもつながる。そうした広い視野の中で，一人一人の心地よい食事を大切にしていきたい。

実践編7　帰りのリフレクションから降園まで

7-1　リフレクション

事例　明日は私も遊びたい！（5歳児・9月）

　毎日，自分の好きな時間が終わるとみんなで集まって，今日どのような遊びに取り組んだのかを振り返る場面を設けている。今日も何人かの子どもたちが，友だちに自分の遊びの紹介をしていた。まずはA児。「はい！」と大きい声で手をあげ，「僕は，虫捕りをしました。バッタを5匹捕まえました」と自信たっぷりに発表した。周りの友だちは口々に「すごい！」「見たい！」等と声をあげている。A児は飼育かごをテラスから持ってきて一人一人の前を通りながら丁寧に見せて歩いた（写真7-1-1）。その様子は，とてもうれしそうで大きな達成感を味わっていたようだった。次はB児。B児は石けん泡で作るケーキ作り遊びの発表を行った。自分が作ったケーキについて説明を始めると，説明を聞いたC児が「今日取材ごっこしたんだけど，Bちゃんのケーキを写真に撮ったよ」と言い出した。そこで，C児と保育者がタブレットを調べてその写真を見つけ，B児に見せた。B児は「そう！　これ！　みんなに見せたいんだけど，ちょっと貸してくれない？」とC児にお願いした。C児は快諾し，タブレットを貸した。

　その後，B児は一人一人に先程説明したケーキについて写真を見せていた。写真を見せてもらった友だちは興味深く感じたようで（写真7-1-2），「これはどうやって作ったの？」と質問したり，「私も明日作りたい！」「教えて！」と話したりしていた。また，D児も今日は石けん泡のケーキ作りをして楽しんだ。D児は自分で作ったケーキを気に入り，タブレットを持ってきて，自分のケーキを撮影した。その後，遊びの振り返りで，自分の撮った写真を基に今日の遊びを説明していた。振り返りが終わった後に保育者が「どうして，写真を撮ろうと思ったの？」と聞くとD児は「とっても上手にできたからだよ。明日になると溶けて崩れちゃうんだもん」と答えた。タブレットの利点を活かし，自分の遊びに上手に活用していると感じた。

写真7-1-1　ここにバッタがいるよ

写真7-1-2　どうやって作ったの？

1. 解　　説

1）今日の遊びの達成感や充実感を得るリフレクション

　A児は遊びの最初から最後まで虫捕り遊びに取り組んだ。これまでに捕まえた虫の場所を記してきた園庭マップを見て友だちと協力しながら，庭の端から端まで調べ，虫捕り遊びを楽しんでいた。また，捕まえたバッタはその名前や飼い方について図鑑やタブレットで調べ，餌となるイネ科の草を一緒に飼育かごに入れ，とても大切にしていた。それほど愛着のあるバッタを振り返りの場面で友だちに見てもらうことができたことは，A児にとって大きな達成感や充実感につながったのではないか。D児もまた，終始ケーキ作り遊びに取り組んだ。石けん泡でクリームを作るのだが，石けんと加える水の量のバランスが難しい。D児は何度も試して，角の立つちょうどよい硬さの泡を作ることができた。その石けん泡で作ったケーキを友だちに見せることができ，D児もとても満足げな様子であった。遊びのリフレクションには，こうした子どもが達成感や充実感を味わうことができる。また，友だちに認められる機会にもなり，自己肯定感の向上といった意義もある。

2）明日への期待感を抱くリフレクション

　遊びのリフレクションには，前述の満足感や達成感を味わうことの他にも様々な意義が考えられるが，その中に明日への期待や意欲，目的を抱く契機になることがあげられる。B児は自分の作ったケーキの写真を用いて，友だちに紹介した。それを見た子どもの中から「私も明日作りたい！」「教えて！」等といった声が聞こえてきた。好きな遊びは，それぞれの子どもの思いで，それぞれの場所で展開する。子どもは行われている全ての遊びに出会うわけではない。そこで大切になるのがリフレクションである。この場を通して，これまでに出会わなかった遊びに出会う。その遊びに魅力を感じ，「自分もやってみたい」という明日の遊びへの期待感につながる。B児の発表を通して，ケーキ作り遊びをする友だちが増えた。

2. 領域のねらいと内容との関わり

　本事例は主に領域「言葉」のねらいに即した事例である。領域「言葉」では「経験したことや考えたことなどを自分なりの言葉で表現し，相手の話す言葉を聞こうとする意欲や態度を育て，言葉に対する感覚や言葉で表現する力を養う」[1]ことを目指す。また，「人の言葉や話などをよく聞き，自分の経験したことや考えたことを話し，伝え合う喜びを味わう」[1]ことを「ねらい」としている。その内容として，主に「（1）先生や友達の言葉や話に関心をもち，親しみをもって聞いたり，話したりする」[1]「（2）したり，見たり，聞いたり，感じたり，考えたりなどしたことを自分なりに言葉で表現する」[1]「（3）したいこと，してほしいことを言葉で表現したり，分からないことを尋ねたりする」[1]ことが示されている。このようなねらいや内容を受けて保育者は幼児の思いや願いをくみ取りながら援助をしていく。また，幼稚園教育要領における「指導計画の作成上の留意事

項」の中でも「幼児が次の活動への期待や意欲をもつことができるよう，幼児の実態を踏まえながら，教師や他の幼児と共に遊びや生活の中で見通しをもったり，振り返ったりするように工夫すること」[2] としており，遊びのリフレクションの重要性を示唆している。

　本事例では，子どもが遊びの中でできたことやしたかったことを自分なりの言葉で伝える場を設け，安心して話すことのできる環境を確保していた。また，その話に興味をもって聞くことができるような環境づくりや工夫も必要である。その工夫にタブレットの活用が一役買っていた（次頁参照）。事例後の展開としては「カフェごっこ」に発展した。それも遊びのリフレクションの役割が果たすところが大きい。子どもたちは自分たちの活動を振り返りながら，次の活動への見通しをもって遊びを進めた。こうした経験の積み重ねが，子どものよりよい主体的な活動につながる。

3．ICTの活用

　本事例のポイントとなったのが，タブレットの活用である。好きな遊びの中で経験したことや作り上げたこと等を，自分なりの言葉で相手に伝える手段のひとつとして，ICT（タブレット等）を活用しようとする姿が見られた。自分の発表にタブレットで撮影した写真を用いることで，相手により細かく，そしてよりわかりやすく伝えることができるのである。

　これとは別に，次に示すようなICTの活用も見られた。タブレットを用いて，新聞を作成し，友だちの遊びの様子や園庭内外にある動植物等を紹介するという事例である。きっかけは，友だちが遊んでいる様子や飼育しているザリガニやチョウの様子を写真や動画に収めて楽しむことから始まった（写真7-1-3）。そのうち，「撮ったものをみんなに伝えたい」という思いに至り，タブレットとスタイラスペンを用いて新聞作りを行い（写真7-1-4），リフレクションの時間に紹介した。

　これらのように，子どもが自分の遊びにICTを活用するためには，子どもが普段から自由に使える環境をつくっておく必要がある。ICTに触れることを強制することはしない。子どもが「写真を撮りたい」「○○を調べたい」「ペンで書きたい」等と思ったときに，必要に応じて保育者がその使い方を教える程度にとどめ，自発的な活動を促すことが重要である。子どもが遊びや生活を豊かにするツールとして，場面や状況に応じて活用できるように環境を整え，必要に応じて保育者が援助することで，子どもはICTをよりよく活用できるのである。

写真7-1-3　ザリガニの様子を写真に収める

写真7-1-4　新聞作りの様子

4．保育者にとってのリフレクション

　リフレクションは子どもと同様に保育者にとっても大切な営みである。保育者は前述の子どもによるリフレクションに加えて，日頃の保育実践やそれに伴う保育記録によって，子どもの遊びをとらえていく。保育者にとってのリフレクションのポイントはいくつかあげられるが，次の3点がとりわけ重要である。1つ目は，遊びの中にどのような学びや気付きがあるのかをとらえることである。「○○をして楽しそうだった」「盛り上がっていた」等といった表面的な事実だけでなく，その活動において子どもは何を感じて，何を考え，何に気付いたのか等について保育者が見取っていく。「子どもの学び」は「子どもの育ち」につながる。この「育ち」をとらえることの積み重ねが，子ども理解にもつながる。2つ目は，子どもの活動に見通しをもちながら，目の前の子どもの姿を振り返ることである。子どもがこれまでどのようなプロセスで，そのように取り組んできたのかを考え，明日の保育に必要な環境はどのようなものであるか，その子に必要な援助はどのようなことであるかを考えていくことが重要である。3つ目は，自分の保育を振り返ることである。これは省察とも呼ばれる。保育は子どもの言動により時々刻々と変化する。それは再現不可能であり，保育者はその瞬間の子どもの言動に応じて援助をしていかなければならない。自分の保育を振り返るこの省察こそが保育者の専門的力量を形成させるのである。

　リフレクションは時として，ひとりで悩むことも少なくない。そういうときは，保育者同士で相談・共有しながら，話し合いで省察を深めていくことが大切である。そのためにも，普段から保育について一緒に考えるという姿勢や気軽に話すことができる雰囲気づくりを心掛けていくようにしたい。

図7-1-5　保育者同士の話合い

引用文献

1）文部科学省『幼稚園教育要領』（第2章 言葉），2017.
　＊『保育所保育指針』『幼保連携型認定こども園教育・保育要領』にも同様の記述がある。
2）文部科学省『幼稚園教育要領』（第1章 第4 3），2017.
　＊『幼保連携型認定こども園教育・保育要領』にも同様の記述がある。

参考文献

飯島典子・小森谷一朗「情報活用能力の基礎を育成する幼児教育の試み」宮城教育大学教職大学院紀要，第2号，2020.
飯島典子・本郷一夫編著『シードブック 子どもの理解と援助』建帛社，2023.
宮城教育大学附属幼稚園「子どもが夢中になって遊ぶ環境とその援助」宮城教育大学附属幼稚園研究紀要 第65集，2020.

実践編7　帰りのリフレクションから降園まで

7-2　保育環境としての通園バス

事例1　車窓から地域の移ろいを味わう（3〜5歳児・10月）

　園児の約半数が通園バスを利用する当園では，3台のバスがそれぞれのコースを3往復する形で送迎にあたっている。そのうちのいくつかの様子をのぞいてみよう。行きのバスでは，停留所を通るたびに少しずつ子どもの人数が増えていく。最初は静かだった車内には，少しずつ子どもと保育者の声が聞こえるようになり，3番目の停留所を過ぎる頃は子ども同士の会話もにぎやかになってくる。ふと踏切の音が聞こえてきた。A児らと保育者は，車窓から駅の付近をじっと見つめる。しばらくして保育者が「今日は見えなかったね」とつぶやくと，A児らも「うん」とうなずく。駅や線路の付近を走るコースでは，タイミングが合えば，バスと並走する電車を家々の間から見ることができる。どちらかが早すぎても遅すぎても電車は見られず，毎日の結果が一部の子どもにとって些細なスリルとなっているようだ。また，別の場所では，B児から「柱が建ってる！」という声が上がった。保育者は「本当。先週まで土台だけだったのにね」と言葉を返す。途中に通る住宅地には，建築中の家があり，毎日その前を走るバスからは完成に近づいていく過程に気付くことができる。ほとんどの停留所を通り，バスが満席に近づく頃，保育者は「さーて，今日は何度かな？」と少し大きな声で全体に問い掛けた。しばしの沈黙のあと，「25度！」「25度！」と口々に報告する声が上がった。このバスが走る幹線道路には，大きな気温表示板がある。最初に気付いた保育者が，子どもたちに気温を尋ねたことをきっかけに，いつの間にか，この場所で毎日の気温を確認し，車内に張り出した折れ線グラフに記録していく活動が日課となった。そのあとも，サイレンを鳴らして走る救急車に注目が集まったり，実を熟しはじめた柿の木が話題になったりする等，到着直前まで車窓から見える風景を楽しむ子どもの姿があった。

写真7-2-1　車窓を眺めて語らう子どもたち

写真7-2-2　日々記録される気温表

事例2　帰りのバスの「集い」（3〜5歳児・7月）

　バスが走り出すと，保育者は通路の中央に立って「今日はみんなで遊戯室に集まってどんなことしたの？」と全体に尋ねた。すると，C児やD児等の年長児を中心に「七夕会！」「歌を歌った！」と元気のいい声があがった。保育者は「どんな歌を歌ったの？　聞かせてよ」といって「さん，はい」と音頭を取ると「たなばたさま」の合唱が始まった。次第にE児等，年中児からも声が聞こえ始め，F児ら年少児の口元も若干動いている。2番までを歌い終えた子どもたちに対して，さらに保育者は「（短冊に）どんな願いごと書いたの？」と質問を続ける。保育者は，またしても口々に上がる発言を聞きながら「いま持っている七夕飾りはなくさないようにしないとね」と締めくくった。「たなばたさま」の途中あたりで，C児らから「しりとりしよう！」という要望がたびたび上がっていた。

七夕の話題が一段落したところで，保育者は「じゃあ，しりとりしようか。だれからやる？」と切り替えた。しりとりは，年少のG児からスタートすることになった。子どもたちは座席に前を向いて座ったままであるため，保育者が各座席に近づき，回答を全体に周知する進行役を担う。しりとりには，車内の子どものほぼ全員が参加し，次の停留所でC児が降りるまで3周に渡って続けられた。

写真7-2-3　今日の活動について全員に尋ねる保育者

1. 解　　説

1）通園バスだからこそ生まれる活動や関係性

　地域を巡る通園バスからは，自分たちが暮らす土地の自然や人の営みを観察することができる。また，毎日のように利用する交通手段であるため，それらの微細な変化に気付くことができる。事例1では，タイミングがいいときにだけ見られる電車を楽しみにすること，建築中の家が出来上がっていく様子を見つめること，木々の色づきや果実の育ちを感じること等，子どもたちは継続的な視点で車窓を楽しんでいる。その際，保育者は子どもたちと関心を共有しながら，今日の様子と以前の様子を比較した声掛けを行うことで，子どもたちが変化を実感できるようにしていることがわかる。なかでも，気温表示計の確認は，保育者が意識的に日課的な活動に位置付け，掲示物を作成することで，車内独自の探究活動に発展しつつある。車窓には，いろいろな出会いがあふれているが，多くが一瞬で過ぎ去り，些細なものである。その一瞬を十分に味わったり，振り返ったりできるような援助を意識したい。

事例2は帰りの便の様子である。帰りの車内は，各クラスでの一日を終えた子どもたちが，クラスや年齢に関係なく一堂に会する場となる。園全体で七夕集会が行われた日とあって，早速その余韻を楽しむ活動が展開されている。保育者との掛け合い，合唱は年長児が中心であるが，年少・年中もできる範囲で場に参加している様子が見て取れる。各クラスで，既に帰りの集まりを終えてきた子どもたちであるが，メンバー構成が変わる車内では，また違う雰囲気でその日の保育が振り返られている。また，七夕の話題に続けて，しりとりが行われている。このバスでは，子どものリクエストに応じて，クイズや手遊び，伝言ゲーム等を楽しむことが日課となっていた。しりとりは人気の活動であり，保育者の進行のもとで，ほぼ全ての子どもたちが参加していた。ただし，保育者は年少児にはヒントを出す等，彼らが参加しやすいようにさりげなく援助している。年齢別保育を行う当園にあって，通園バスは異年齢が生活を共にする貴重な機会となっている。

2）保育環境としての通園バスの特徴

以上の事例からも明らかなように，通園バスには保育室や園庭にはない特徴が数多く備わっている。地域の様子を間近で観察することができる，異クラス・異年齢の子どもが交わる，各家庭や保育室での話題が集まってくるといった特徴は，活動場所としてはとても魅力的である。通園バスを利用する子どもは，毎日1時間以上を車内で過ごす場合もある[1]。そうした時間も園生活の一部として意識し，有意義なものとなるよう事例のような意図的な声掛けや援助を行っていきたい。ただし，通園バスに備わる特徴は，活動にとって都合がよいものばかりとは限らない。まずもって，走行中の車内は危険と隣り合わせであり，子どもが安全な姿勢で着席しているか常に注意を払う必要がある。座席の背もたれ等，死角となるものが多く，子どもたちが密集する車内では，思わぬところで子ども間のトラブルが生じることもある。その他，子どもの車酔いやトイレ，保護者等への適切な情報伝達等，多岐にわたる配慮事項があることを忘れてはならない。車内での遊びに集中した結果，車内事故につながる状況を招くといったことはないようにしたい。加えて，通園バスの必然として，行きの便では停留所を通るたびに子どもの人数が増え，帰りの便では減っていく。どれほど活動が盛り上がっていようが，停留所では必ず中断され，メンバーの変更が生じる。したがって，行きの便では，ルートの序盤は子どもたちとの落ち着いた会話を中心とし，終盤以降で全員に関心をもってほしい活動を始める等，運行に沿った保育プランを考えておくことが望ましい。最後に，通園バスは保護者から離れ心細い子ども，一日の活動を終えて疲れ切った子ども等が過ごす場所であるため，それぞれの子どもの居たい居方を保障することにも留意が必要である。

2．領域のねらいと内容との関わり，ICTの活用

園外の様々な環境と接する通園バス内の活動には，領域「環境」の内容との関わりを随所で見出すことができるだろう。事例1における車窓から規則正しく運行する電車の様子，徐々に築かれていく家の様子，季節に応じて変化する木々の様子を見つめる活動は，「（2）生活の中で，様々な物に触れ，その性質や仕組みに興味や関心をもつ」[2]「（3）季節により自然や人間の生活に変化の

あることに気付く」[2]といった内容と素直に結び付く。また，地域の人々の営みや風土を理解していくという点では「（6）日常生活の中で，我が国や地域社会における様々な文化や伝統に親しむ」[2]経験にも通じている。道路には，事例1の気温表示板をはじめとした看板や標識があふれている。これらは「（9）日常生活の中で数量や図形などに関心をもつ」[2]「（10）日常生活の中で簡単な標識や文字などに関心をもつ」[2]経験のきっかけとなりうる。同様に施設等の前を通る場合は「（11）生活に関係の深い情報や施設などに興味や関心をもつ」[2]機会となりうる等，コースのなかにあらゆる保育資源があることを意識しておきたい。

　加えて，異年齢の子どもが乗り合わせる通園バスでは，年長児が隣の年少児の身支度を手伝う，安全な乗り方を教えるといった姿もよく見られる。これらは領域「人間関係」の内容「（10）友達との関わりを深め，思いやりをもつ」[3]「（11）友達と楽しく生活する中できまりの大切さに気付き，守ろうとする」[3]と関わりが深い。

　通園バス内での経験の価値を高める上では，各クラス担任との連携を密にしたい。クラス担任が子どもの車内での様子を知る術_{すべ}は限られており，車内と園内の経験に連続性をもたせることは難しい。また，乗務中に保育記録を取ろうにも，揺れる車内で手書きのメモを残すことも容易ではない。そうした情報伝達においては，Googleが提供する「スプレッドシート」等，ウェブベースの記録シートを活用すると便利である。乗者名簿をもとにあらかじめ作成したシートをバスと園で共有しておくことで，乗務者がタブレット等で記録したメモは，バスと園でほぼリアルタイムに共有することができる。また，子どもの欠席情報，保護者への伝達事項をいち早く共有し，適切に対応する上でも活用したいツールである。そのほか，「Googleマップ」等，端末の位置情報を参照できるサービスを応用すると，車窓とは異なる角度から地域を探索できる。

3．卒園後の生活と通園バス

　地域を走る通園バスは，小学校の付近を通行する場合も少なくない。その際，年長児からは「卒園したらこの学校に行くんだ」という声が上がり，卒園が近づくと「この前ランドセル買ったんだ」といったより切迫した会話が，聞こえてくるようになる。年中以下の子どもも，そうした年長児の変化や卒園を機に車内からいなくなる現実を目の当たりにする。通園バスは，子どもが最も身近に，否応なく卒園と就学を意識する場所のひとつといえる。一方で，卒園して園舎には来ることがなくなった子どもたちが，登下校中にかつて乗車していた通園バス，車内の保育者や運転手と再会することがある。そうしたふたつの意味において，通園バスは卒園後の生活と通じている。

引用文献

1）全日本私立幼稚園連合会「平成25年度 私立幼稚園経営実態調査報告」2013, p.31.
2）文部科学省『幼稚園教育要領』（第2章 環境），2017.
3）文部科学省『幼稚園教育要領』（第2章 人間関係），2017.
　＊2），3）は，『保育所保育指針』『幼保連携型認定こども園教育・保育要領』にも同様の記述がある。

実践編8　ICT×保育を考える

8−1　園生活を通したICTによる記録・計画・評価

■ 事例1　保育者の振り返りから見えた活動のつながり

　2歳児のA児は午睡前に絵本を読むのが習慣になっていた。ある日絵本を読むことに飽きたのか，絵本を重ねて組み立てたことから活動が生まれた。保育者は，初めは絵本で遊んでいるだけだと思いながら見守っていたが，記録を振り返ることでその活動がつながり発展していっていることに気付いた。絵本の形を生かしながら何かに見立てているようだった。次第に周りの子どもたちも興味をもち，協同での活動になっていった。記録の振り返りによってA児は絵本の形に立体的な面白さを感じていたのではないかと仮定した保育者が絵本以外の素材での活動を提案した。同じような形の段ボールを用意するとさらに活動はダイナミックに広がっていった。他の子どもたちが段ボールを絵本に見立てて読み聞かせ等のまねをする素振りが見られたのである。A児の行動を絵本に飽きたのではないかと決め付けず，その様子を保育者が写真で記録し振り返ったことから生まれた活動になった。

絵本から生まれた活動

6月中旬。午睡前の絵本の時間，A児（2歳7か月）が読むのに飽きたのか？　絵本を重ねて，組み立て始めたことが始まり。

①囲う
6月18日（木）（2歳7か月）
午睡前の絵本の時間，絵本を下に敷きその周りを絵本で囲み個室を作っていた。その空間で考えごと？

②揺れる
7月17日（金）（2歳8か月）
いつもの絵本を立てる作業中。丸型の絵本が揺れる原理に気付く。

③見立てる
8月3日（月）（2歳9か月）
縦長の絵本を立て，敷かれた絵本を指先でパタパタ。パソコン？　組み立てるから見立て遊びへと変化した。

④共有・協力する
9月15日（火）A児（2歳10か月），B児（3歳1か月），C児（3歳2か月），D児（2歳8か月）夕方の自由時間，A児はいつものように絵本を組み立てる。それを見たB児とC児も組み立て始め，次第に自分たちを囲む大きなスペースを作り上げた。そこにおばけのページで顔を覆ったD児が「ガァー！！」と現れ，「はいって！」「かくれよ！」とおばけから逃げる寸劇が始まった。

図8−1−1　絵本を並べていく様子の変化とその後の活動事例

事例2　保護者との共有でつながる園生活

　園では毎日の活動の様子をドキュメンテーションにまとめ，そのPDFファイルをwebアルバムにアップし，保護者がパスワードを入力することで閲覧可能にしている。6月のある日，霧吹きを使って遊んだが，E児（2歳児）は霧吹きをうまく使えず，何度やっても自分の顔に霧吹きがかかってしまってそれを面白がっていた。その活動の様子をドキュメンテーションで保護者と共有した。しばらくすると，E児は上手に霧吹きを使えるようになっており，よくみると左手の親指には豆ができていた。保護者から話を聞くと，園での活動の様子を見た後，買い物に行った時にE児が霧吹きをほしがったので購入し，自宅のお風呂で毎日のように遊んでいるということだった。園での活動に保護者も興味をもち，子どもが楽しそうにしている姿を見たいと思い，同じ活動が家でもできるような環境をつくってくれた。園での活動がICTを活用した記録によって家庭とつながり，それによって保育計画を見直すきっかけになった。水遊びだけでなく，散歩の時や絵の具遊びの時も積極的に霧吹きを取り入れると，霧吹きに興味をもつ子が増え，年間通して霧吹きを使った活動が多く見られた。

写真8-1-1　霧吹きが顔にかかる
E児の表情

ICTによる記録・計画・評価をどうとらえるのか

　記録・計画・評価という点だけで考えれば，それは日々の保育の営みの中で当然のように行われており，特段ここで言及するようなことでもないのではないだろうか。しかしICTを活用した形でどのように行うかというとまだまだたくさんの可能性がある。誰のために，何のために記録を取り，計画を立て，評価をするのか。それは目の前の子どもたちであり，保護者であり，保育者自身のためである。ICTを文字通り情報とコミュニケーションのためのツールだと考えると，園生活，保育そのものとの相性はよい。園生活の中で起きたことを記録し，共有する。そして振り返りそれを基に計画を立て，さらにその後の記録も用い，子どもたちの興味・関心や発達の様子を時系列でつなぎ，それぞれの実践のもつ意味を改めて評価していくことができる。さらにICTを活用することで，これらを保護者と共有することが容易になった。文章の記録だけでなく画像や動画を保護者等と共有することも一般的になってきた。このような記録を共有することで，保育者と保護者の協働により保育の計画を立てることが増えてきた。ここでは2事例を紹介したが，必ずしも事例中の対応が正解ではない。たくさんのICTツールがある中での活用の一事例として参考になるだろう。

索　引

は 行

ま・や・ら行

編著者

香曽我部 琢 （こうそかべ たく）　宮城教育大学教育学部 教授

駒 久美子 （こま くみこ）　千葉大学教育学部 准教授

島田由紀子 （しまだ ゆきこ）　國學院大學人間開発学部 教授

 著者(五十音順)

石倉 卓子 （いしくら たかこ）　富山国際大学子ども育成学部 教授

和泉 誠 （いずみ まこと）　株式会社なーと 代表取締役

岩井 真澄 （いわい ますみ）　東京未来大学こども心理学部 講師

奥谷 佳子 （おくや よしこ）　山梨県立大学人間福祉学部 准教授

粂原 淳子 （くめはら じゅんこ）　日本女子大学家政学部 特任教授

久留島太郎 （くるしまたろう）　植草学園短期大学こども未来学科 教授

小森谷一朗 （こもりやいちろう）　聖和学園短期大学保育学科 講師

小山 優子 （こやま ゆうこ）　島根県立大学人間文化学部 教授

境 愛一郎 （さかい あいいちろう）　共立女子大学家政学部 准教授

高橋 恵美 （たかはし えみ）　東北生活文化大学短期大学部 講師

濱名 潔 （はまな きよし）　学校法人あけぼの学院法人本部 副本部長

藤田 清澄 （ふじた すみと）　盛岡大学文学部 准教授

宮田まり子 （みやた まりこ）　白梅学園大学子ども学部 准教授

目黒 勇樹 （めぐろ ゆうき）　六郷保育園

柳生 崇志 （やぎゅう たかし）　國學院大學人間開発学部 准教授

淀川 裕美 （よどがわ ゆみ）　千葉大学教育学部 准教授

ICT×保育を考える 保育内容総論

2024年（令和6年）4月5日　初版発行

編 著 者	香曽我部　琢
	駒　久美子
	島 田 由 紀 子
発 行 者	筑　紫　和　男
発 行 所	株式会社 建帛社 KENPAKUSHA

〒112-0011　東京都文京区千石4丁目2番15号
ＴＥＬ（03）3944-2611
ＦＡＸ（03）3946-4377
https://www.kenpakusha.co.jp/

ISBN 978-4-7679-5147-8　C3037
©香曽我部琢，駒久美子，島田由紀子ほか，2024.
（定価はカバーに表示してあります）

明祥／愛知製本
Printed in Japan